河北省社会科学基金项目

京津冀工业遗产保护与文化创意产业融合发展研究

闫永增 刘 倩 周 振 ◎著

燕山大学出版社

·秦皇岛·

图书在版编目（CIP）数据

京津冀工业遗产保护与文化创意产业融合发展研究 / 闫永增，刘倩，周振著．—秦皇岛：燕山大学出版社，2021.4
ISBN 978-7-5761-0152-2

Ⅰ.①京… Ⅱ.①闫… ②刘… ③周… Ⅲ.①工业－文化遗产－保护－研究－华北地区②文化产业－产业发展－研究－华北地区 Ⅳ.①F429.2②G127.2

中国版本图书馆CIP数据核字（2021）第061460号

京津冀工业遗产保护与文化创意产业融合发展研究
闫永增 刘 倩 周 振 著

出 版 人：	陈 玉
责任编辑：	孙志强
封面设计：	刘韦希
出版发行：	燕山大学出版社 YANSHAN UNIVERSITY PRESS
地　　址：	河北省秦皇岛市河北大街西段438号
邮政编码：	066004
电　　话：	0335-8387555
印　　刷：	英格拉姆印刷(固安)有限公司
经　　销：	全国新华书店

开　　本：700mm×1000mm 1/16		印　张：12	字　数：200千字
版　　次：2021年4月第1版		印　次：2021年4月第1次印刷	
书　　号：ISBN 978-7-5761-0152-2			
定　　价：49.00元			

版权所有　侵权必究
如发生印刷、装订质量问题，读者可与出版社联系调换
联系电话：0335-8387718

前　言

《京津冀工业遗产保护与文化创意产业融合发展研究》一书是著者2017年承担的河北省社会科学基金项目（项目编号为HB17GL099）的研究成果。本书以京津冀工业遗产保护为研究对象，注入文化创意产业开发新元素，旨在提高人们对工业遗产文化资源价值的认识，增强人们对工业遗产的保护意识，激发人们对工业遗产开发的热情，进而推动京津冀工业遗产保护与文化创意产业融合发展。

文化创意产业与工业遗产的共生，无论是在中国还是在世界其他国家，大多都源于艺术家群体的自发行动。文化创意产业的推陈出新与工业遗产独特的空间美学、历史价值、文化意义、集体记忆价值相互碰撞，使得文化创意产业与工业遗产产生了共生系统。文化创意产业是城市经济的重要组成部分，也是京津冀地区的新兴产业。工业遗产延续了城市的文脉，保障了城市文化的完整性和多样性，丰富了城市景观和空间类型，是城市文化的重要物质和精神载体。目前，文化创意产业与工业遗产的共生关系已经从最初的个体自发行为发展到政府管理干预，更新改造也从最初的小规模改造发展到系统化大规模改造，由此以文化创意产业为基础的工业遗产再利用迎来了工业遗产创意园区的快速发展期。随着后工业时代的到来，人们的生产生活和消费方式都出现了新的变化。本书从京津冀工业遗产与文化创意产业融合发展的角度，评价京津冀工业遗产文化创意资源价值，分析京津冀工业遗产文化创意具体案例，对京津冀工业遗产保护与利用具有较高的理论与实践意义。

本书由唐山师范学院闫永增、刘倩、周振撰写。具体分工如下：闫永增负责第1章；刘倩负责第2章，第3章，第5章第5.1、5.2、5.3节；周振负责第4章，第5章第5.4节。各人所作，各负文责。

目 录

第1章 绪论 …………………………………………………… 001
  1.1 研究背景与研究意义 …………………………………… 001
    1.1.1 研究背景 ………………………………………… 001
    1.1.2 研究意义 ………………………………………… 002
  1.2 国内外对工业遗产的保护与利用研究 ………………… 004
    1.2.1 工业遗产文化资源概念界定 …………………… 004
    1.2.2 国外工业遗产保护与利用 ……………………… 007
    1.2.3 国内工业遗产保护与利用 ……………………… 019
  1.3 京津冀工业遗产保护与利用研究 ……………………… 029
    1.3.1 京津冀工业遗产类型 …………………………… 029
    1.3.2 京津冀工业遗产文化资源保护与开发现状 …… 030
  1.4 研究内容与研究方法 …………………………………… 032
    1.4.1 研究内容 ………………………………………… 032
    1.4.2 研究方法 ………………………………………… 032

第2章 京津冀工业遗产文化创意资源基础和价值评价指标体系 ……………………………………………………… 034
  2.1 国内工业遗产价值评价研究 …………………………… 034
    2.1.1 探讨评价方法的可行性 ………………………… 034
    2.1.2 探讨评估原则的可行性 ………………………… 037
    2.1.3 探讨评价指标体系的可行性 …………………… 038
  2.2 京津冀工业遗产文化创意资源价值评价指标体系 …… 039
    2.2.1 工业遗产文化创意设计思路和资源基础 ……… 039

2.2.2 工业遗产文化创意评价指标设计原则 …………………… 042
2.2.3 工业遗产文化创意资源价值评价指标体系内容 …………… 043
2.2.4 工业遗产文化创意资源价值评价指标解释及评价方法 …… 043
2.2.5 工业遗产文化创意资源价值指标评价表 ………………… 048

第 3 章 京津冀工业遗产文化创意资源价值排序和价值评价… 050

3.1 京津冀工业遗产文化创意资源价值排序 ……………………… 050
3.2 京津冀工业遗产文化创意资源价值评价 ……………………… 051
  3.2.1 华北制药厂 ………………………………………………… 051
  3.2.2 开滦煤矿 …………………………………………………… 055
  3.2.3 首都钢铁公司 ……………………………………………… 062
  3.2.4 唐山铁路遗址 ……………………………………………… 067
  3.2.5 京张铁路 …………………………………………………… 070
  3.2.6 滦河铁桥 …………………………………………………… 073
  3.2.7 天津金汤桥 ………………………………………………… 075
  3.2.8 启新水泥公司 ……………………………………………… 076
  3.2.9 耀华玻璃厂 ………………………………………………… 080
  3.2.10 唐胥铁路修理厂 ………………………………………… 083
  3.2.11 二七机车厂 ……………………………………………… 086
  3.2.12 天津解放桥 ……………………………………………… 089
  3.2.13 天津碱厂 ………………………………………………… 092
  3.2.14 北京焦化厂 ……………………………………………… 095
  3.2.15 大沽船坞 ………………………………………………… 097
  3.2.16 关内外铁路 ……………………………………………… 099
  3.2.17 其他京津冀典型工业遗产 ……………………………… 101

第 4 章 基于文化创意产业的京津冀工业遗产保护利用与更新 … 105

4.1 京津冀工业遗产保护与文化创意策略 ………………………… 105
  4.1.1 国内外工业遗产保护理论和文化创意实践探索 ………… 105

4.1.2 京津冀工业遗产保护理念和文化创意实践探索 ………… 124
　4.2 京津冀一体化背景下工业遗产文化创意开发面临的机遇与挑战 … 129

第5章　京津冀工业遗产保护与文化创意产业融合发展策略及开发模式典型案例分析 ……………………………… 131
　5.1 京津冀工业遗产保护与文化创意产业发展互惠共生系统 ………… 131
　　5.1.1 文化创意产业的特征与发展 ………………………… 131
　　5.1.2 工业遗产保护与文化创意产业的关系 ………………… 133
　　5.1.3 工业遗产保护与文化创意产业结合路径 ……………… 134
　　5.1.4 共生理论 ……………………………………………… 135
　5.2 北京案例 ………………………………………………………… 138
　　5.2.1 北京 798/751 艺术区 ………………………………… 138
　　5.2.2 首都钢铁公司 ………………………………………… 148
　　5.2.3 北京珐琅厂 …………………………………………… 153
　5.3 天津案例 ………………………………………………………… 156
　　5.3.1 大沽船坞 ……………………………………………… 156
　　5.3.2 天津解放桥和金汤桥 ………………………………… 158
　　5.3.3 天津棉 3 创意街区 …………………………………… 162
　5.4 河北案例 ………………………………………………………… 165
　　5.4.1 秦皇岛耀华玻璃博物馆案例 ………………………… 167
　　5.4.2 唐山开滦国家矿山公园案例 ………………………… 171
　　5.4.3 唐山启新 1889 文化创意产业园案例 ………………… 174
　　5.4.4 石家庄井陉矿区案例 ………………………………… 175

参考文献 ………………………………………………………… 178

后记 ……………………………………………………………… 183

第1章 绪 论

作为人类工业发展历程中不同阶段的产物，工业遗产的价值已日益凸显。当前，工业遗产的保护和利用问题已引起人们的广泛关注，而合理利用工业遗产并对其进行可持续开发，是积极有效且易为大众接受的方式。本书从文化创意产业的视角，研究京津冀工业遗产的保护与利用，具有诸多价值和意义。

1.1 研究背景与研究意义

1.1.1 研究背景

随着遗产价值影响的不断扩大，近年来我国各地掀起了申报世界遗产的热潮。从 1987 年我国首批 6 项遗产列入世界遗产名录，至 2019 年第 43 届世界遗产大会结束，我国已成功申报世界遗产 55 项，总数位居世界第一。京剧、中医针灸、活字印刷术等 38 个项目入选联合国教科文组织非物质文化遗产名录，总数亦位居世界第一。灿烂的文化遗产，是中华文明的印记。

可以说，我国列入世界遗产名录的遗产数量较多，但所入工业遗产的数量却很少。最初我国的世界工业遗产仅有青城山—都江堰、大运河两处遗产，均为古代水利工程。在国家文物局 2012 年公布的 45 项中国世界文化遗产预备名单中，工业遗产占 6 项，所占比例有所上升。在上述 8 项工业遗产中，除黄石矿冶工业遗产的遗产构成中有近现代工业遗产外，其他均为传统工业遗产，缺少独立的近现代工业遗产。[1]2019 年，良渚古城遗址列入世界遗产

---

[1] 季宏，王琼. 世界遗产视角下的中国近现代工业遗产研究[J]. 中外建筑，2015（12）：58-61.

名录。良渚古城遗址是长江下游地区首次发现的新石器时代城址，外围水利系统是迄今中国最早的大型水利工程，显然良渚古城外围水利系统亦属古代大型水利工程遗产。与欧洲主要遗产城市相比，我国的工业遗产在总数上所占比例很小，而在我国的世界遗产总数中，河北的遗产数量更少，这与河北文化大省的地位殊不相符。可见，河北对遗产文化资源的认识尚有待提高，对工业遗产的价值重视程度尚有待加强。

以河北唐山为例。唐山是一座因1878年开平煤矿（后来发展成开滦煤矿）的创办而兴起的工业城市。开平煤矿的创办与发展，为唐山留下了丰富的工业文化遗产。以开平煤矿矿场之一的唐山矿原址打造的开滦国家矿山公园，呈现了唐山极具典型性、稀有性的工业文化和矿业遗存。因此，通过将工业遗产与文化创意产业相结合，以开滦国家矿山公园文化创意产业为开发对象，可以实现人们对开滦煤矿认识上的突破，并以点带面，实现人们对河北遗产文化认识上的突破，进而增强人们对工业遗产的保护意识，最终促进河北乃至京津冀工业遗产同文化创意产业的融合与发展。

1.1.2 研究意义

1.1.2.1 理论意义

本书主要包含"工业遗产"和"文化创意产业"两个核心概念，既明确了工业遗产类文化创意产业的保护与开发，又确定了发展文化创意产业的目的。"京津冀"界定了研究范围，"融合发展"为本书研究的核心内容，从共生理论的角度进行整体性研究，分析京津冀工业遗产协同保护与开发的可行性。通过建立评价体系，对工业遗产涵盖的特定的京津冀地区工业文化加以重新建构，诠释京津冀工业城市的文化底蕴和文化内涵，从而更好地推进京津冀工业遗产的保护与开发。

以京津冀工业遗产保护现状论，虽然已有许多成功案例，但仍有一些工业遗产的保护只是在做文化创意的表面文章，并没有实质性的思想内涵，这同我们工业遗产保护与文化创意产业相融合的理念是相悖的。京津冀工业遗产的保护是要在其旧的遗址上发展创新，融合其历史的、经济的、科学的、技术的元素，并与京津冀协同发展理念结合起来。通过进行京津冀工业遗产保护与文化创意产业融合研究，拓展京津冀工业遗产保护与开发的研究范围，加强与历史学、经济学、社会学及其他学科的联系，从新的视角切入，实现对京津冀工业遗产的合理开发，避免"过度设计"或资源浪费等问题。

1.1.2.2 实践意义

工业遗产是一种特殊的文化遗产，是文化创意产业发展的载体。文化创意产业究其本质来看，是源于人类智力创造的文化产品的制造，是以人类文化成果为创作元素的一项智力活动，突出特点是原创与创新，其本身的内涵促成了文化创意产业与工业遗产之间的内在融合，使得凝聚着历史价值、美学价值、科普价值和社会价值等要素的工业遗产成为追求创意与创新的文化创意产业的载体。[①] 文化创意产业以尊重历史文化创造的成果为基础进行再创造，进而推动工业遗产的可持续发展。以塘沽站为例，1888年唐芦（唐山—芦台）铁路从芦台一直延伸到大沽北岸的塘沽（今塘沽南站）。现存的主楼有100多年的历史，基本完好无损，现今塘沽站利用旧站房布置成展示馆。

随着城市化步伐的加快和产业布局的日渐完善，众多老工业城市遗留下的大片老厂房、老工业区给现代城市治理和城市功能转换带来了难题。这些城市的工业遗产记录着城市的历史和文脉，如果将这些工业遗产全部拆掉，不仅会造成大量的浪费，还会造成城市记忆的消失。而依托创意产业，不仅能盘活老厂房、老工业区等存量资源，实现工业遗产的保护和再利用，而且还能延续工业文化根脉，提升城市的文化品位，满足人们多样化的文化追求。

世界工业化国家如英国、德国、美国、日本等，均进行了工业遗产创意开发的实践，并取得了巨大成功。伦敦、纽约、东京等都曾是著名的老工业城市，依靠创意经济成功完成了城市的转型和产业升级。德国的鲁尔区曾是世界重要的煤炭和钢铁产业工业区，后因"煤炭危机"和"钢铁危机"而留下大量废弃的厂区，当地政府依托文化创意产业，将其改造成文化产业园、景观公园、休闲娱乐场所和工业博物馆，以及一条经典的"工业文化之路"的旅游线路。这些都为其他国家和地区工业遗产的再利用提供了宝贵经验。

---

① 楼小燕.工业遗产保护与文化创意产业发展互动效应研究——以杭州为例[J].东方企业文化，2012（9）：39-40.

1.2 国内外对工业遗产的保护与利用研究

1.2.1 工业遗产文化资源概念界定

1.2.1.1 工业遗产

什么是工业遗产？国际工业遗产保护联合会在2003年7月通过的保护工业遗产的《下塔吉尔宪章》中，对工业遗产的定义是："工业遗产是指工业文明的遗存，它们具有历史的、科技的、社会的、建筑的或科学的价值。这些遗存包括建筑、机械、车间、工厂、选矿和冶炼的矿场和矿区、货栈仓库，能源生产、输送和利用的场所，运输及基础设施，以及与工业相关的社会活动场所，如住宅、宗教和教育设施等。"[1]

近代以来，在工业革命的推动下，生产力得到空前发展，城市数量不断增长，城市规模不断扩大。在人类从工业社会向信息社会过渡的过程中，由于受"工业体系"的影响，城市不同程度地留下了工业社会时代的产物——工业遗产。随着文明的进步和城市化的加速，人们对工业遗产的认知也在发生着变化。19世纪末20世纪初，工业遗产被视为"对环境退化和风景破坏负有责任的工业遗留物"；20世纪70年代，在全球化、城市化和现代文化的背景下，工业遗产被视为"缺乏美感和吸引力的多余废弃地"；20世纪晚期，由于人们美学价值观的转变和科学技术的进步，工业遗产开始成为"具有时代特色、文化价值和美学特质的历史印记"。[2]

2006年4月18日，中国工业遗产保护论坛通过的《无锡建议——注重经济高速发展时期的工业遗产保护》也对工业遗产概念作了界定，指出工业遗产"具有历史学、社会学、建筑学和科技、审美价值的工业文化遗存，包括工厂车间、磨坊、仓库、店铺等工业建筑物，矿山、相关加工冶炼场地、能源生产和传输及使用场所、交通设施、工业生产相关的社会活动场所、相关

---

[1] 中国国家文物局，等. 国际文化遗产保护文件选编[M]. 北京：文物出版社，2007：251-252.

[2] 曾锐，等. 以实践为导向的国外工业遗产保护研究综述[J]. 工业建筑，2017（8）：7-14.

工业设备以及工艺流程、数据记录、企业档案等物质和非物质遗产"[①]。显然，《无锡建议》把工业遗产作了物质和非物质遗产之分，明确将属于物质和非物质相关联的载体列入工业遗产，并强调注重经济高速发展时期的工业遗产保护，以实现经济建设与文化遗产保护的协调和可持续发展。

一般来讲，狭义的工业遗产是指以物质形式存在的建筑、车间、仓库、机械设备、生产工具等不可移动或可移动的物质构成；而广义的工业遗产除了包含狭义的工业遗产外，还应包含非物质形态的遗产，如生产技能、工艺流程、原料配方、工业精神、工业节俗、发展历程等。

1.2.1.2 工业遗产保护

工业遗产按照遗产的形式分为物质工业遗产和非物质工业遗产。物质工业遗产包括不可移动遗产和可移动遗产。非物质工业遗产是无形的，是以有形的物质为载体的。因此，保护工业遗产应当兼顾工业遗产中的物质与非物质成分，发掘物质和非物质工业遗产价值。例如，大庆的石油炼化生产设施、首钢的高炉是物质工业遗产，而大庆精神、首钢的企业文化是非物质工业遗产。

工业遗产根据其价值和重要性被划分为不同的保护级别，并被列为相应保护级别的文物保护单位。目前，国家、省、市、县均设相应级别的文物保护单位。国家选择具有特别重要价值或具有重要意义的文物列入全国重点文物保护单位，按最高级别进行保护和管理。在各级文物保护单位实施保护和管理的基础上，逐步形成了以国家级和省级文物保护单位为主、以市县级文物保护单位为辅、各时期各工业门类较为齐全的工业遗产保护体系。列入文物保护单位的工业遗产，应最大限度地保持其功能和景观的原真性与完整性，对急需保护的工业遗产应及时采取必要的措施加以补救。

在制订保护性再利用方案时，对于工业遗产中的每一区域和每栋建筑都应经过仔细甄别和单独评估，并在考虑它与整个遗址联系的基础上，确定其最恰当的用途。同时，保护性再利用方案应对不同工业遗产地段和工业建筑

---

① 中国工业遗产保护论坛. 无锡建议——注重经济高速发展时期的工业遗产保护 [J]. 建筑创作，2006（8）：19.

设立明确的限制要求，新的用途必须尊重工业遗产的原有格局、结构和材料特色，维护原始的人流活动，并且尽可能与初始或主要用途兼容。当保护性再利用方案中的利用功能与工业建筑和用地的遗产价值明显不相适应时，应重新进行调整。①

1.2.1.3 工业遗产保护与改造利用

通俗地讲，改造利用是指为适应实际使用需求而在原有基础上的改动。这种改动，维持或改变原有建筑物的结构和风格。随着社会发展的复杂化和多样化，"保护"和"利用"成为文化遗产改造的重要内容和目的。以北京第二棉纺织厂被改造成创意产业园为例，位于朝阳区八里庄东里的莱锦创意产业园是在原北京第二棉纺织厂基础上打造而成的文化创意产业集聚区，是工业遗产保护和利用的关键项目。该产业园是由日本著名建筑师隈研吾设计的特色产业园，除了按照最新建筑规范对旧厂房结构进行加固外，还提炼厂房原有的设计元素，保留"顶梁""锯齿形状"等建筑物或造型，把旧厂房改建成工作室。

工业遗产是一种特殊的文化资源，也是文化遗产的一部分，如何保护和利用这一特殊的文化资源和文化遗产，是摆在人们面前的重要课题。文化遗产的利用从一开始就被看作遗产保护的对立面，随着社会发展的复杂化和多样化，处理保护与利用这对基本矛盾的关系越来越成为文化遗产保护国际法规制定的基调和重要目的。由于全球性的文化遗产保护财政投入不足问题，保护工作对利用的依赖程度也在不断提高。② 随着社会的进步和人们对文化遗产保护与利用关系认识的深化，文化遗产的保护与利用呈现出积极的、和谐一体的发展态势。

最初人们普遍认为，工业场所只是生产加工和劳动就业的地方，而被废弃或即将停产的工业场所更是代表着过时和落后，难以想象它们应作为文化遗产而列入保护之列。随着城市化步伐的逐步加快，工业遗产在拆与保、遗

---

① 单霁翔.关注新型文化遗产——工业遗产的保护[J].中国文化遗产，2006（4）：41.

② 张朝枝，郑艳芬.文化遗产保护与利用关系的国际规则演变[J].旅游学刊，2011（1）：81-87.

弃与利用之间存在着激烈的碰撞。与其他历史文化遗产相比，工业遗产特别是物质形态工业遗产普遍呈现低龄化、类型丰富、空间适应能力强、修复改造技术易操作等特征，更便于改造利用。正是因为工业遗产的特殊性，所以一开始工业遗产保护与利用就具有相生相伴的关系。以保护促利用，以利用促保护，保护与利用是工业遗产发展的不可缺少的两个方面。[①]经过多年的保护和利用的实践，人们对工业遗产的利用越来越有积极性，无论是抢救性保护还是保护性开发，大多数工业遗产都通过合理利用来保存其原真性和完整性，并通过持续性合理利用来不断证明它存在的价值。

1.2.2 国外工业遗产保护与利用

1.2.2.1 国际社会工业遗产保护的重要文件

目前关于工业遗产保护的重要文件有3份，即《下塔吉尔宪章》《都柏林原则》和《台北亚洲工业遗产宣言》。

2003年7月，国际工业遗产保护联合会通过了《下塔吉尔宪章》。该宪章对工业遗产进行了界定，指出了工业遗产的价值和"鉴定、记录与研究的重要性"，并对"法定保护""维护与保护""教育与培训"和"表述与阐释"等方面提出了指导性意见，内容全面，视角宏观，预见性强，是一份国际工业遗产保护的纲领性文件。

应当看到，《下塔吉尔宪章》虽然为工业遗产的保护提供了指导性意见，但仍存在一定的局限性：一是《宪章》更多地强调工业遗产的物质形式，而对工业遗产的环境和非物质形式的关注不够；二是《宪章》更多针对的是工业革命的发源地——欧洲的工业遗产，未考虑到其他地区工业遗产的认定以及价值与文化多样性的关联性，对其他国家的工业遗产适用性较少。

2011年11月，国际古迹遗址理事会第17届会议通过了"关于工业遗产遗址、结构、区域和景观保护的共同原则"——《都柏林原则》。《都柏林原则》介绍了国际工业遗产保护的环境与背景，工业遗产的定义、意义和价值，并

---

① 胡攀. 工业遗产保护与利用的理论与实践研究[M]. 成都：四川大学出版社，2019：15-16.

从以下四个方面展开论述：一是记录和了解工业遗产结构、遗址、区域和景观及其价值；二是确保工业遗产的遗址、结构、区域和景观的有效保护与保存；三是保护与维护工业遗产结构、遗址、区域和景观；四是对工业遗产的规模和工业结构、遗址、区域及景观的价值进行介绍和交流，提升公众和企业的认知，支持培训和研究。整个《都柏林原则》围绕的核心是"工业遗产遗址、结构、区域和景观"，特别强调了"区域和景观"，说明工业遗产保护的"完整性"问题提升到一个新的高度，其中被工业遗产保护所忽视的环境与非物质文化遗产等问题在《都柏林原则》中得到加强。[①] 目前，《都柏林原则》已成为各国在工业遗产保护方面的首要参考文件和执行准则。

2012年11月，国际工业遗产保护委员会在中国台北召开的第15届会员大会上通过了《台北亚洲工业遗产宣言》。宣言介绍了亚洲工业遗产保护的背景、价值与意义，提出了亚洲工业遗产保存维护的策略与方法，体认到亚洲地区工业发展的历程与西方世界有所不同，"工业遗产的定义在亚洲地区应该更加广阔，包含了前工业革命时期及工业革命之后的技术、机器与生产设施、人造物与人造环境"。在保护理念上应突出亚洲文化的特殊性，要深刻反映人与土地互动的关系。《台北亚洲工业遗产宣言》是针对亚洲工业历史和现状的遗产保护的国际共识，对亚洲工业遗产保护具有纲领性指导意义。

此外，1972年11月联合国教科文组织大会第17届会议在巴黎通过了《保护世界文化和自然遗产公约》。公约主要规定了文化遗产和自然遗产的定义、文化和自然遗产的国家保护和国际保护措施等条款，还规定各缔约国可自行确定本国领土内的文化和自然遗产，并向世界遗产委员会递交其遗产清单，由世界遗产大会审核和批准，凡是被列入世界文化和自然遗产的地点，都由其所在国家依法严格予以保护。从此，世界各国都开始重视旧建筑（包括旧工业遗存）、纪念物、古迹遗址的文化遗产的保护工作。按照联合国教科文组织世界遗产名录中的罗列内容，工业遗产包括从矿山、工厂到运河、铁路、桥梁等各种形式的工程设计项目、交通和动力设施。依此定义，开滦唐山矿

---

① 季宏.《下塔吉尔宪章》之后国际工业遗产保护理念的嬗变[J].新建筑，2017（5）：74-77.

早期三大工业遗存——唐山矿一号井、中国第一条准轨铁路唐胥铁路源头、百年达道,以及德国的鲁尔区工业遗址、法国的埃菲尔铁塔、澳大利亚的悉尼歌剧院等,都是典型的近现代工业遗产。

1.2.2.2 国外工业遗产保护与利用研究现状

1. 英国

工业遗产起源于工业革命最早发端的英国。工业革命不仅对世界产生了巨大的影响,而且给英国留下了巨大的工业遗产,如 18 世纪的煤矿、铁矿、古老的运河、废弃的工厂等。到 19 世纪中期,工业遗产问题开始引起重视。20 世纪 50 年代,英国伯明翰大学的唐纳德·达德利最早在口头上提出"工业考古学"一词,其同事里克斯于 1955 年在《史学爱好者》杂志上首次在出版文献中使用这一术语,提出工业考古学是一门研究"由工业革命产生的早期遗存"的学科。[1] 工业考古学基于建立工业革命保护优先级与保护历史信息的理念,认为工业革命与发展时期的遗迹和遗物应该被记录和保存。可见,工业考古推动了人们的工业遗产意识,引发了人们对工业遗产保护的更多思考。

1973 年,第一届保护工业遗迹国际大会在英国工业诞生地什罗普郡召开,这里是世界上最早的铁桥所在地,引起了世界各国对工业遗产的关注。1978 年,第三届国际工业纪念物大会在瑞典召开,会议决定成立国际工业遗产保护委员会,这是世界上第一个致力于工业遗产保护的国际性组织,促进了工业遗产保护理念的逐渐普及。从此,保护工业遗产的工作逐步在世界范围内推广开来。1986 年,铁桥峡谷成功入选世界遗产名录,成为英国工业遗产保护的著名实例,也是英国第一例以工业遗产为主题的世界文化遗产。

英国学者史考特在《创意城市:概念问题和政策审视》中研究了工业遗产与创意产业的关系,对城市化与创意之间的反身性互动展开了批判性描述,并对全球化背景下创意城市的出现所带来的特别显著的正面和负面趋势进行了深入的分析。谷德温在《工业遗产与旅游》中探讨了工业遗产与旅游的

---

[1] 谭刚毅,高亦卓,徐利权. 基于工业考古学的三线建设遗产研究 [J]. 时代建筑,2019(6): 44-51.

关系，认为合理利用工业遗产或展开工业遗产旅游是地区经济转型的有效手段。[①]

英国伦敦码头区

英国重要城市曼彻斯特是城市重建的一个典范，人们可以在这里看到英国工业的发展历史。位于曼彻斯特市中心的科学与工业博物馆成立于1983年，是曼彻斯特最大的反映曼彻斯特科学、技术和工业发展历史的博物馆。博物馆保留了蒸汽机、火车头、工业机械等大量实物以及原有外观的黄褐色厂房，展示了曼彻斯特的纺织、能源、通信、航空、交通的历史，尽管外观极其简单，但以其历史原貌和馆藏实物吸引了来自世界各地的游客。曼彻斯特科学与工业博物馆是世界上著名的科学博物馆之一，是曼彻斯特工业旅游的经典景点。

---

① 刘小红.城市记忆中工业遗存改造开发[J].美与时代（上），2010（11）：87-89.

英国曼彻斯特科学与工业博物馆

英国泰特现代美术馆是英国著名的现代艺术品展示馆,主要展出 20 世纪世界级的现代艺术品。它坐落在泰晤士河南岸,与圣保罗大教堂隔河相望,横跨泰晤士河的千禧大桥把二者连接起来。美术馆由一座气势宏大的发电厂改建而成,外表被褐色砖墙覆盖,内部为钢筋结构,巨大的涡轮车间被改造成既可摆放艺术品又具有主要通道和集散地功能的大厅,涡轮机和发电机暴露在外,大烟囱高耸入云。泰特现代美术馆是利用工业空间展示艺术的有益尝试,对伦敦的城市建设和旅游产生了重大的影响。

英国泰特现代美术馆

2. 美国

与其他大国相比，美国的历史相对较短，它的崛起与工业化进程相吻合，留下了丰富的工业遗产。1916年8月，国家公园管理局成立，主要负责美国境内的国家公园、国家历史遗迹、历史公园等自然及历史遗产保护。1966年通过并签署成为法律的《国家历史保护法案》，为美国历史文化遗产的保护奠定了立法基础，法案对有可能给有重要历史、考古和文化意义的建筑物、历史文化区和其他遗址造成影响的开发建造活动实行限制。1969年，"历史工程记录"计划由美国国家公园管理处、国会图书馆和土木工程师学会启动，负责对桥梁、水坝、铁路、工厂等历史工程和工业遗址进行测绘、记录和存档。"迄今为止，'历史工程记录'计划等已经为美国境内3.86万个历史建筑及地点，收录了近56万份测绘记录、照片、文案记录等，至今每年仍在陆续新增内容，并开始步入数字化时代。"① 在政府、企业、民间社会组织和普通民众的共同努力下，美国工业遗产的保护和再利用往往成为经典范例。

美国宾夕法尼亚州伯利恒钢铁厂，是工业景观环境遗产最著名的例子之一，成立于1904年、倒闭于1998年的伯利恒钢铁厂，是美国重大的工业污染地之一，特别是污染物通过大气沉降和废渣渗滤等方式进入工业区周边土壤后，致使土壤严重污染。2006年，宾夕法尼亚州环保部门和美国环保局签定清理协议，对美国这块最大的棕地实施改造计划，重在修复场地环境并将其融入城市结构。基于这一改造计划，除了改善土壤pH和雨水径流的合理利用外，景观设计师对厂区内的各种混合的厂房、熔炉、办公楼、吊支架和废墟等进行了景观再造，如将原有建筑改造为一座利哈伊谷最大餐厅的室内停车场、很多建筑的旧屋顶被改造为空中庭院、利用拆迁材料建造石笼墙、将伯利恒钢铁厂工业的文化符号"The Johnson Machinery"改造成一个拥有196个单元的公寓。② 这样，通过对现有建筑和废旧材料的适应性再利用，使场地中许多元素都被保留和再造，工业景观得以重置，并为城市提供了一个健康、

---

① 郝幸田. 昔日明珠今重耀——发达国家工业文化遗产保护 [J]. 企业文明，2017（4）：40-42.

② 刘虎，丁可. 美国伯利恒钢铁厂景观再生的经验与启示 [J]. 天津大学学报，2016（4）：382-384.

休闲、富有活力的绿色环境，同时对宾夕法尼亚州南伯利恒地区的复兴起到积极的推动作用。

美国宾夕法尼亚州伯利恒钢铁厂

巴尔的摩内港是美国大西洋海岸的主要港口，位于美国东北沿海马里兰州中部的帕塔普斯科河口，濒临切萨皮克湾的西北侧。1827年，这里铺设了巴尔的摩至俄亥俄的铁路，是美国第一条铁路。如今，当年的芒特克莱尔车站已改为铁路博物馆。

巴尔的摩内港常常被作为滨水区复兴中最早、最优秀的例证之一。自建港至20世纪初，内港一直是巴尔的摩商业活动的中心。然而，从20世纪20年代开始，大吨位货轮开始抛弃内港转而停泊下游海港码头，内港的重要性日趋削弱。到50年代末期，巴尔的摩的市中心区已完全被废弃。巴尔的摩市中心区的复兴计划与内港的复兴计划紧密相连，其首期开发项目查尔斯中心于1963年完成规划。一年后，内港复兴计划出台。复兴计划保留了原有的滨水空间模式和几个码头的旧貌以及几栋有历史价值的标志性建筑，兴建一个具有滨水特色的，由公寓、旅馆、办公楼环绕的，吸引购物者与旅游者的商业磁力中心，最终建成了一个拥有40万平方米的零售店、300幢公寓和旅馆、科学博物馆及水族馆的综合游憩商业区。总体上讲，巴尔的摩内港区突出的空间特色重置了滨水岸线，完善了滨水岸线的生态系统。沿滨水岸线修建了风景优美的步行道和宽阔的广场，零售业多位于近水处，同时混建大量的游憩与文化设施。复兴计划大获成功，巴尔的摩开发公司的数据显示，仅1990年，就有700万名游客光顾了内港，花费高达8亿美元。另一份资料显示，20世纪80年代中期，港口广场一年吸引的游客和居民高达1800万人。查理斯中心与内港合在一起，一年创造的房地产税收高达2500万至3500万美元，创造的新职位则达到3万个。[①] 复兴计划的成功实践，使内港区在促进城市经济发展、提升城市活力方面取得了显著成效，已经成为美国乃至世界城市滨水区更新改造的经典范例。

美国巴尔的摩内港

---

① 徐永健，阎小培. 城市滨水区旅游开发初探——北美的成功经验及其启示 [J]. 经济地理，2000（1）：99-102.

3. 德国

德国具有悠久的工业遗产保护的历史。随着产业的发展和升级改造措施的实施，德国形成了独特的后工业文化景观和多样的保护利用模式。早在 20 世纪初，德国保护的第一处工业遗产是位于厄尔士山脉下安娜贝格的一个拥有汽锤的冶金作坊，到 1925 年被改造成为展览馆。对此，当时首席莱茵省文物保护专家保罗·克莱曼颇有感慨：也许在将来，当人们回顾 20 世纪第一个 25 年的时候，会认为最具有代表性的建筑遗迹不是那些传统意义上的高楼，而是那些雄伟并且很有特色的工厂建筑。到 30 年代，工业遗产的保护扩展到工业技术遗产的层面，并纳入州文物保护的范畴，如 1936 年巴登州的州文物保护局主持编辑了一个"技术遗产"的目录。20 世纪 70 年代，德国人 Hermann Glaser 首次提出"工业遗产"的概念，认为工业遗产是工业文化的一部分，这一概念逐渐被运用到产业升级改造的实践中。从此，工业遗产成为一种宝贵的历史文化资源得到保护和发展。2001 年，联合国教科文组织把位于埃森的关税同盟煤矿工业建筑群列入世界自然与文化遗产名录项目，标志着"工业文化"的内涵开始被广泛接受。21 世纪初，"工业旅游"的概念开始出现，来自 1999 年德国国际建筑展委员会关于对 Emscher Park 中的"工业文化之路"的介绍中，工业旅游成为旅游产业的一个分支，为工业文化遗产的开发与利用提供了新思路。[①]

弗尔克林根钢铁厂是一座位于德国弗尔克林根市、拥有百年以上历史的炼钢厂。该厂建于 1873 年，1986 年停产。它是整个西欧和北美地区现存唯一一处保存完好的综合性钢铁厂遗址，向人们展示着 19 世纪和 20 世纪时期建造的钢铁厂风貌，提供了历史上一个大型铸铁生产厂的罕见的完整画面。迄今为止，人们还没有发现其他全套高炉设备可以如此完整、准确地将过去铸铁的生产过程展现出来。它是一座工业博物馆，一些小型模具房已被改造为地方大学的实验中心和实习基地，矿石堆场已被改造成摄影和图片艺术展厅。1994 年，作为文化遗产入选联合国教科文组织世界遗产名录，是德国获

---

① 马航，苏妮娅. 德国工业遗产保护和开发再利用的政策和策略分析——以北威州鲁尔区为例 [J]. 南方建筑，2012（1）：28-32.

此殊荣的第一处工业文物。直到今天,这座炼钢厂仍是欧洲最重要的工业文化点和欧洲工业文化路线的重要停泊点。此外,这里还举办丰富多彩的文化活动,每年到此参观的人数达20余万。

德国弗尔克林根钢铁厂

汉堡港口新城是欧洲最大的内城开发项目,也是当今最具特色的滨水项目和新城市中心区项目之一。港口新城建在位于中心地带的面积达157公顷的原港区和工业区,该地区于1862年被改建为当时的现代化港口。今天,港域和码头堤岸成为港口新城的典型特征。在许多地方,如沙门码头(Sandtorkai)和达尔曼码头(Dalmannkai),历史悠久的码头堤岸建筑现仍部分留存,并被妥善地予以恢复。在一些诸如旧煤气厂等污染地,已通过土壤治理使这些从前工业区的生态值提高,同时还大大降低了对地表的封盖。在原有仓库上加建一座波浪形的高达110米的玻璃结构建筑,使原初的港口建筑风格与现代建筑艺术之间形成有机的结合。2017年1月11日正式开放的易北音乐厅是一座举世罕见的、风格独特的混合型建筑,里面包括音乐厅、一座有 250 个房间的酒店、45 套住宅和一个有大约 500 个停车位的立体车库。港口新城设有零售、餐饮、文化和休闲场所，还建有公园、广场，以及总计 10.5 千米的新的滨水林荫道。① 这样，通过彻底的开发，不仅使原先的港区和工业区得到集约而有效的利用，并使汉堡内城面积扩大了 40%，而且成功地将汉堡港区转化成新的核心城区，形成了新的都市风格并在城市中心创造了一个新的滨水环境。

德国汉堡港口新城

4. 日本

日本是亚洲最早开展工业遗产研究和保护的国家。日本学者对工业遗产的研究多从工业考古学方向切入，从技术史与工业考古学、博物馆与工业考古学的关系角度进行探讨。

日本石见银山是亚洲第一个成功列入世界遗产名录的工业遗产。石见银山位于日本海沿岸岛根县中部，是日本历史上最大的银矿山，16 世纪至 17 世

---

① 晁阳. 汉堡港口新城——城市更新的绿色样本 [J]. 建筑与文化，2017（2）：41-51.

纪期间，这里的银产量曾占全球的30%。2001年，石见银山被列入日本国内的世界遗产推荐暂定名录，之后又有11处遗迹遗被列入，包括矿山、坑道、矿山城镇、银运输以及出口的道路和港口等，展示了白银采掘、冶炼、运输等的整个流程。①

日本石见银山

小樽，日本北海道西南部港口城市，面临石狩湾，1922年设市。约在100年前，作为北海道的海上大门通过海运贸易发展起来，银行和企业纷纷在此设立，逐步形成金融、经济中心，并赢得"北方华尔街"的美誉。但随着札幌的快速发展，小樽日渐没落，直到1986年政府将运河重新定位在代表小樽的浪漫及历史后，才逐渐吸引观光客的到来。小樽运河建于1914年，长约1.3千米，宽约40米，后来仅剩下一部分了。与运河相伴而建的，是步行街、

---

① 孙浩，郭洋，唐志强，等. 国外如何保护工业遗产 [J]. 决策探索（上半月），2014（12）：69-71.

欧式复古的煤气灯以及20世纪一二十年代建起的砖石结构的仓库群。如今，这些仓库建筑都已改建成了玻璃工艺品商店、茶馆、餐厅和大型商铺，写在沿运河建筑上的"北日本仓库港运会社"的字样依旧醒目，作为整个运河景点的核心区和标志性建筑物的浅草桥成为见证爱情的打卡地。此外还有小樽市博物馆，于明治二十六年（1893年）由一幢旧仓库改建而成，被指定为小樽的历史建筑物。小樽从一个小渔村发展成为国际贸易港，虽然繁华过后逐渐没落，但通过保护和开发旧有的、废弃的运河和仓库等公共设施，使其深厚的历史积淀得以呈现，进而发展成为今日的观光重镇与浪漫之都。

日本小樽运河与石造仓库群

1.2.3 国内工业遗产保护与利用

1.2.3.1 国内工业遗产法规政策

20世纪90年代以来，我国城市化进程加快，产业结构升级转型，过去大量的工业遗产在现代化进程中逐步消失，因此几乎所有的工业城市都面临工业遗产的保护与利用的问题。2006年，在无锡举行的中国工业遗产保护论坛上通过了《无锡建议——注重经济高速发展时期的工业遗产保护》。此后，《武汉建议》《北京倡议》《杭州共识》等多份以城市命名的工业遗产保护与利用的会议文件相继发布，表明我国工业遗产的保护管理与研究工作进入了一个新阶段。

2006年4月18日，以"重视和保护工业遗产"为主题的中国工业遗产论坛在江苏无锡召开，发布了我国第一个工业遗产共识文件《无锡建议——注重经济高速发展时期的工业遗产保护》。《无锡建议》提出，城市空间结构和使用功能需求的巨大变化、现代技术的运用和社会生活方式的转变等对城市工业遗产构成了威胁，比如一些尚未被界定为文物、未受到重视的工业建筑物和相关遗存没有得到有效保护，致使工业遗产正在迅速消失，提倡通过七个途径对工业遗产进行保护：（1）提高认识，转变观念，呼吁全社会广泛关注工业遗产。（2）开展工业遗产资源调查，做好评估和认定工作。（3）将重要工业遗产及时公布为文物保护单位或登记公布为不可移动文物。（4）加大宣传教育力度，发挥媒体及公众监督作用。（5）编制工业遗产保护专项规划，并纳入城市总体规划。（6）鼓励区别对待，合理利用工业遗产的历史价值。（7）加强工业遗产的保护研究，借鉴和吸取国外工业遗产保护与利用的经验教训。①

杭州凤凰创意国际产业园

---

① 中国古迹遗址保护协会. 无锡建议——注重经济高速发展时期的工业遗产保护 [J]. 建筑创作，2006（8）：19.

2010年4月23日，中国城市规划学会在武汉市召开了城市工业遗产保护与利用研讨会，形成了《关于转型时期中国城市工业遗产保护与利用的武汉建议》。《武汉建议》提出以下建议：（1）尽快统一对城市工业遗产的内涵界定，摸清工业遗产现状。（2）进一步明确城市工业遗产保护和利用的指导思想，确立基本原则。（3）积极探索对城市工业遗产保护和利用的模式，实现多元化利用。（4）逐步探索对城市工业遗产保护和利用的实施路径，加强规划指导。（5）建立城市工业遗产保护和利用的保障制度，做到有法可依。（6）积极运用各种先进的理念和先进技术，科学利用工业遗产。[①]

2010年11月5日，中国建筑学会工业建筑遗产学术委员会在清华大学成立，这是我国关于工业建筑遗产保护的第一个学术组织。同日，"2010年中国首届工业建筑遗产学术研讨会"顺利召开，会议通过《北京倡议》，即"抢救工业遗产：关于中国工业建筑遗产保护"的倡议书。倡议书指出，中国正处在经济高速发展、城市化进程加快的特殊时期，在经济和建设双重作用下，大量有价值的工业建筑被闲置、废弃和拆除，建设性破坏屡见不鲜，工业建筑遗产岌岌可危。抢救和保护工业建筑遗产迫在眉睫，成为我们义不容辞的责任。呼吁全社会共同关注工业建筑遗产保护，为抢救和保护中国工业建筑遗产而共同努力！[②]

2012年11月24日至25日，由中国城市科学研究会历史文化名城委员会和杭州市人民政府共同主办的"中国工业遗产保护研讨会"在杭州举行，这是我国首次在城市科学发展领域对近现代工业遗产保护和工业文明传承进行多方位、跨学科交流的一次会议。与会专家学者围绕近现代工业遗产保护的学术理念、基本原则、途径和方法，以及法律、法规、管理机制和技术规范等公共政策和实践经验展开了深入的学术探讨，发表了著名的《杭州共识——工业遗产保护与利用》。《杭州共识》主要有以下八点内容：（1）工业遗产的保护应该纳入历史文化名城保护或历史建筑的保护管理体系，制定保

---

① 中国城市规划学会.关于转型时期中国城市工业遗产保护与利用的武汉建议[J].城市规划，2010（6）：64-65.
② 《建筑创作》刊物.中国建筑学会工业建筑遗产学术委员会成立[J].建筑创作，2010（12）：13.

护规划，并与法定规划相衔接。（2）尽早开展工业遗产普查，明确认定标准，建立登录制度。（3）创新审批管理机制，加大政府及其相关部门在工业遗产保护与利用方面的主导作用和支持力度。（4）加快制定工业遗产保护与利用的法规和规章，完善相关部门之间的协调机制，实现法制化、规范化管理。（5）在工业用地更新和功能置换中，完善工业遗产保护与利用的环境质量评价体系，必须对原厂区土壤、建筑和设施设备的污染进行有效治理，明确环境安全。（6）鼓励采取多种模式和途径、开辟多元化资金渠道加强工业遗产保护，在保护的前提下进行适应性、多样性再利用，积极引导发展涉及社会民生的文化设施以及文化创意等产业。（7）关注在经济转型发展和企业产能升级中已不具备新工艺更新和新生产功能的工业遗产，注重探索其保护与利用的可行途径和方式。（8）倡导工业遗产活态保护。对在近现代工业文明中有着特殊传承价值的工业遗产应力求延续原有功能和传统生产业态，使之与现代经济生活相适应。[①]

1.2.3.2 国内工业遗产保护与利用研究现状

与国外相比，我国对工业遗产保护的研究起步较晚，直到20世纪末，国内学者才开始涉足这一研究领域，虽有几处工业遗产改造的实践案例，但理论研究仍然滞后。从2002年开始，国内开始出现工业遗产的研究文献，此后对工业遗产研究成果不断增多，显示出工业遗产保护的研究获得了国内学术界更多的关注。特别是2006年首届中国工业遗产保护论坛通过《无锡建议》和国家文物局下发《关于加强工业遗产保护的通知》以后，我国工业遗产的研究进一步深化。在强化工业遗产的概念界定与价值分析的同时，开始多视角关注工业遗产的构筑物、场地、环境和保护规划等层面。从总体上看，近年来工业遗产研究主要聚焦于工业遗产基础理论、工业遗产保护与再利用、工业遗产旅游开发、工业遗产转型、工业遗产和景观更新等，其中工业遗产被普遍认可的几种再利用方式主要是开发工业遗产旅游、城市公共游憩空间、工业博物馆和发展文化创意产业等。

---

① 中国城市科学研究会历史文化名城委员会.杭州共识——工业遗产保护与利用[J].城市发展研究，2013（1）：2.

最初我国工业遗产相关问题的讨论主要集中在城市规划和景观设计领域，关注更多的是"旧工业建筑""工业废弃地""工业景观"等。张宇（2007）论述了"旧工业建筑"和"适应性再利用"的基本概念，提出了可持续性发展的再利用模式成为研究的理论基础，同时分别对国内外该领域的实践进行分析研究，从功能置换、新旧融合、空间整合、艺术成就以及低能耗改造等方面总结出旧工业建筑适应性再利用的设计方法论，并提出了建立起生态意识与适应性再利用的理念与建议。[①] 丁宁（2011）对旧工业建筑现状进行了概括，分析了工业遗产的价值所在，提供了可供参照的项目范例，提出了保护与改造再利用的原则与思路。[②] 刘抚英（2009）以中国矿业城市为背景研究了工业废弃地更新利用的系统对策，提出了工业废弃地的概念，剖析了其产生原因并对其进行分类，指出了目前国内工业废弃地再利用中存在的主要问题，同时在建立工业废弃地系统模型并对系统特征进行分析的基础上，依据协同学理论和研究方法，提出了"协同再生"的观点，构建了系统协同再生的研究结构。[③] 贺旺（2004）对后工业景观理论与实践进行了的综合性研究，讨论了后工业景观设计范式的思想和方法，提出工业遗产保护关注的对象应从单纯的工业建筑物、构筑物扩大到工业区，甚至更大尺度的工业景观，强调后工业景观的核心思想就是工业遗产的保护与再利用，这是后工业景观设计范式最核心的地方。[④] 李辉、洪静（2007）提出将工业时代的历史景观——工业遗产地开发为休闲景观的思路，认为存在博览场馆、休闲街区、城市公园三种主要开发模式，并分别对各种开发模式的具体案例进行分析。[⑤]

近年来，对工业遗产地的保护与利用成为我国城市更新与发展的应有之

---

① 张宇. 旧工业建筑的适应性再利用研究 [D]. 杭州：浙江大学，2007.
② 丁宁. 再现建筑活力——旧工业建筑保护性再利用之研究 [J]. 美与时代，2011（2）：101-106.
③ 刘抚英. 中国矿业城市工业废弃地协同再生对策研究 [M]. 南京：东南大学出版社，2009.
④ 贺旺. 后工业景观浅析 [D]. 北京：清华大学，2004.
⑤ 李辉，洪静. 基于工业遗产地的休闲景观开发模式探析 [J]. 旅游学研究，2007（2）：102-106.

义，也成为学者关注的视角。刘伯英、冯钟平（2009）对城市工业用地更新理论与实践进行系统研究，把工业用地更新与工业遗产保护紧密联系起来，强调我国城市工业用地更新应重视工业遗产的保护与再利用。① 单菁菁、秦铭梓（2020）强调开展工业遗产地保护与利用是城市更新的重要内容，从拆除重建转向有机更新是工业遗产地保护与利用的重要趋势，并从促进城市更新和可持续发展的角度探讨城市工业遗产地保护与利用的有效路径。② 徐苏宁、王国庆、李世芬等人（2017）指出，要让工业遗产在城市更新中发挥重要的文化价值、社会价值的作用，必须加强工业遗产保护观念，工业遗产要有明确的功能定位，工业遗产保护应具有系统性，工业遗产利用必须重视环境安全。③ 韩璐、杨立（2019）论及城市发展进入城市更新阶段后众多工业遗存面临"拆"与"留"的问题，明确了工业遗产的内涵，充分借鉴国内外成功的范例，探讨工业遗产保护与再利用的模式，并提出工业遗产保护与再利用的措施与建议。④ 单霁翔（2006）阐释了工业遗产保护的国际共识，分析了工业遗产的内涵，肯定了工业遗产的价值和保护意义，指出了工业遗产保护存在的问题，并结合我国工业遗产保护的实践，提出保护与利用工业遗产的对策。⑤

随着工业遗产研究的不断深入，工业遗产保护研究出现了多学科参与和整合的态势，特别是外来的文化创意产业对我国工业遗产保护产生了重要影响，成为工业遗产保护的新途径。在实践中，通过工业遗产与文化创意产业的结合，中国保护和利用了大量工业遗产，其中不乏既具有社会效益又具有

---

① 刘伯英，冯钟平.城市工业用地更新与工业遗产保护 [M].北京：中国建筑工业出版社，2009.

② 单菁菁，秦铭梓.把"工业锈带"变成"生活秀带"——城市更新视野下的工业遗产地保护与利用 [J].环境经济，2020（13）：34-38.

③ 徐苏宁，王国庆，李世芬，等.工业遗产保护与城市更新 [J].城市规划，2017（2）：81-84.

④ 韩璐，杨立.城市更新背景下工业遗产的保护与再利用 [J].城市建设理论研究，2019（22）：15.

⑤ 单霁翔.关注新型文化遗产——工业遗产的保护 [J].中国文化遗产，2006（4）：11-14.

经济效益的优秀案例，如北京798艺术区、启新1889等创意产业园等，工业遗产成为推动文化创意产业发展的重要形式，受到社会各界的广泛关注。

从理论研究角度看：陈汉欣（2008）简要阐述了国际文化创意产业的发展，重点分析了我国文化创意产业的发展现状和存在的问题，提出了我国今后发展文化创意产业的战略思想、方针及对策。① 张洁（2011）对中国文化创意产业的空间分布和地区绩效进行分析，构建了文化创意产业绩效的衡量框架，并从地区投资重点、产业发展所处阶段等角度给予阐释。② 张杰（2012）阐释了文化创意产业概念，分析了文化创意造园运动中城市遗产保护困境和突破困境的方法，探讨了遗产保护与创意产业结合发展的制度性创新。③ 杨彩云、康嘉、邹艳梅（2012）从工业遗产保护与文化创意产业园建设的互动效应出发，对依托工业遗产地建立文化创意产业园的现状、优势、问题进行分析，提出了加大政府扶持力度、拓展工业遗产衍生产品类型、形成文化创意产业链等建设文化创意产业园的对策。④ 张宇（2015）从工业遗产整体性、系统性保护的角度探讨文化创意产业的发展方向，将城市文化与工业遗产因素注入文化创意产业中，为地区发展提供新的推动力，并为进一步做好工业遗产保护、更好地发展文化创意产业提供理论支撑。⑤ 李晓飞（2019）从系统论角度出发，将老旧厂房保护利用划分为前期、中期、后期三个阶段，并为破解老旧厂房改造利用及创意运营存在的问题提出针对性的解决措施。⑥

国内学者进行了大量有针对性的研究，研究范围主要有工业遗产的历史研

---

① 陈汉欣.中国文化创意产业的发展现状与前瞻[J].经济地理，2008（5）：728-733.
② 张洁.中国文化创意产业的空间分布和地区绩效分析[J].商业经济与管理，2011（2）：64-70.
③ 张杰.论文化创意造园运动中城市遗产保护困境——兼论遗产型创意产业园区规划制度的创新[C].多元与包容——2012中国城市规划年会，2012.
④ 杨彩云，康嘉，邹艳梅.工业遗产保护与文化创意产业园建设研究——以唐山为例[J].改革与战略，2012（1）：137-140.
⑤ 张宇.工业遗产保护视域下的城市文化创意产业整合与优化[D].大连：大连海事大学，2015.
⑥ 李晓飞.城市更新背景下老旧厂房保护及文化创意改造运营研究[C].两岸创意经济研究报告，2019：208-215.

究和工业遗产的保护研究两个方面。前者主要包括工业通史、阶段性工业史、地方工业史、科技史、行业史、企业史等，后者主要是工业建筑遗产的调查及价值评价、城市工业用地更新、工业旅游、城市棕地的再开发、工业景观、工业遗产保护的策略和机制、工业遗产的法律保护以及保护更新规划与建筑和景观的再利用设计等。在后者研究中，有代表性的专家学者有俞孔坚、阙维民、张伶伶、夏柏树、单霁翔、冯钟平、王建国、阮仪三、刘伯英等。

  本书著者闫永增做了一些关于唐山近现代工业和工业遗产的研究工作。2020 年的文章分析了新型城镇化工业遗产保护与再利用，指出《新型城镇化工业遗产保护与再利用》一书对我国工业遗产的形成进行了相对翔实的叙述，并通过这种叙述方式探讨了相关对策措施，分析了工业遗产保护与再利用的参与主体，创新了一个工业遗产方面的研究方向。①2002 年的文章讨论了滦州、开平矿务公司的合并，认为滦开合并不应被简单地归结为开平公司吞并了滦洲公司，而是开、滦双方从各自的经济利益出发，消弭竞争、妥协共存的产物，这对处于相对劣势的滦州公司来说是必要的。②2018 年的文章讨论了唐山近代工业兴起的地理环境，指出自然地理环境，特别是丰富的矿产资源为唐山近代工业的兴起奠定了物质基础，地理位置和区位优势为唐山近代工业的兴起提供了必要条件。③2013 年的文章指出，唐山是一座随着中国近代工业的起步而发展起来的工业城市，工业是这座城市发展的主脉，一个多世纪以来，伴随着近代工业的初创和发展，以及社会主义工业化和改革开放的进程，唐山孕育出鲜明而独特的工业文化，并由此而凝练出了具有典型工业特质的唐山城市精神，即通达、务实、坚毅、超越。④2014 年的文章展开了唐山近代工业遗产保护和利用对策研究，指出唐山作为中国近代工业发祥地之一，积淀了深厚的工业文化遗产，加强唐山近代工业遗产保护对于传承先进

---

① 闫永增. 工业遗产保护与再利用中需体现政府导向——评《新型城镇化工业遗产保护与再利用》[J]. 文物鉴定与鉴赏，2020（3）：110.

② 闫永增. 试论滦州矿务公司与开平矿务公司的合并 [J]. 唐山师范学院学报，2002（6）：51-59.

③ 闫永增. 论唐山近代工业兴起的地理环境 [J]. 唐山学院学报，2018（4）：39-44.

④ 闫永增. 工业文化与唐山城市精神的凝练 [J]. 唐山师范学院学报，2013（1）：50-54.

文化、推动唐山经济社会可持续发展具有重要意义。①2016 年的文章对唐山近代工业遗产做了调查，梳理了唐山近代工业遗产的保存现状，分述了典型工业遗产的基本概况，并提出了保护工业遗产的建议。②

从实证研究角度看：楼小燕（2012）回顾了基于工业遗产保护的文化创意产业园区发展历史，着重讨论了工业遗产保护与文化创意产业之间的互动效应，指出工业遗产保护和文化创意产业发展是一种动态的双赢博弈，并结合杭州建立文化创意园区发展过程中的经验和问题提出一些对策建议。③韩福文、何军、王猛（2014）对沈阳老工业城市的物质工业遗产和非物质工业遗产进行了分析，提出沈阳老工业城市工业遗产整体保护应选择城市意象保护模式。④刘巍（2014）以北京焦化厂、首钢工业区及石家庄东北工业区用地更新研究为例，探讨城市快速发展更新的过程中工业遗产保护与城市更新的关系问题。⑤郭素萍、郭宁宁、王玮（2016）以南京 1865 创意产业园为例，梳理了南京 1865 文化创意产业发展的脉络和发展现状，从地理区位、创意产业园规划布局、入驻企业和人文景观四个方面进行了深入剖析，并提出在新时代背景下文化创意产业园发展应该与城市整体规划相结合，注重产业链的打造和创意氛围的塑造。⑥王一鸣、蔺建兰、李野（2019）通过对沈阳的 3 个工业遗产型文化创意产业园进行调查及使用状况评价，并结合评价分析结果提

---

① 闫永增. 唐山近代工业遗产保护和利用对策研究 [J]. 唐山师范学院学报，2014（1）：85-88.

② 闫永增. 唐山近代工业遗产调查 [J]. 唐山学院学报，2016（4）：22-27.

③ 楼小燕. 工业遗产保护与文化创意产业发展互动效应研究——以杭州为例 [J]. 东方企业文化，2012（9）：39-40.

④ 韩福文，何军，王猛. 沈阳老工业城市工业遗产整体保护模式探讨 [J]. 商业研究，2014（4）：149-155.

⑤ 刘巍. 工业遗产保护与城市更新的关系初探——以北京焦化厂、首钢工业区、石家庄东北工业区为例 [C].2014（第九届）城市发展与规划大会，2014.

⑥ 郭素萍，郭宁宁，王玮. 工业遗产保护背景下的文化创意产业园发展研究——以南京 1865 创意产业园为例 [C]. 规划 60 年：成就与挑战——2016 中国城市规划年会，2016.

出优化策略。①周雅琴、孙响（2019）指出，京津冀区域作为近现代重要的工业群聚集地，见证了工业文明的历史进程和发展脉络。从工业遗产保护更新视角出发，研究创意产业园区域联动更新设计，对京津冀区域化的工业遗产进行协同更新具有重要的现实意义和社会价值。②田菲、孙怡（2019）认为在启新水泥厂老厂址上建立的启新1889文化创意产业园探索了唐山市"退二进三"发展中的新模式，并成为唐山工业旅游发展的重要吸引物。但在发展过程中存在文化创意产业融合不足、工业遗产保护传承不完整等问题，因此需要探索更加完善的工业遗产文化创意旅游发展方式。③韩敏学（2020）对杭州市现有工业遗产型文化创意产业园进行了详细调研，提出结合共享思维模式从空间共享、时间共享、情感共享三个层面重塑杭州该类产业园区户外景观，使其更好地融入当代居民生活的具体策略。④凯文·林奇（2017）所著的《城市意象》一书对工业遗产的再利用具有重要的参考价值。⑤

总体而言，工业遗产保护的研究方兴未艾，工业遗产的保护和利用更多关注工业遗产价值的挖掘和工业遗产的可持续发展。国外的研究已经比较成熟，国内的研究尽管起步晚，但成绩显著，无论是数量还是质量都在稳步提高。基于工业遗产保护的背景，创意产业的发展为工业遗产的保护和再利用开拓了新的渠道和空间，由此国内外学者关注工业遗产保护与文化创意产业的关系，从文化创意产业的角度探讨工业遗产保护的新模式。目前，我国工业化快速发展，且已整体进入工业化后期阶段。随着城市产业结构调整优化和城市化进程的逐步加快，工业遗产保护与创意产业的结合更加凸显，工业

---

① 王一鸣，蔺建兰，李野. 工业遗产型文化创意产业园运营状况分析及优化策略 [J]. 自然与文化遗产研究，2019（7）：66-69.

② 周雅琴，孙响. 京津冀工业遗产型创意产业园区域联动更新设计研究 [J]. 美与时代，2019（9）：37-38.

③ 田菲，孙怡. 工业遗产文化创意旅游发展研究——以唐山市启新1889文化创意产业园为例 [J]. 经济研究导刊，2019（11）：95-96.

④ 韩敏学. 共享视角下工业遗产型文化创意产业园户外景观重塑策略——基于杭州市工业遗产类文化创意产业园的调研 [J]. 建筑与文化，2020（1）：158-160.

⑤ 凯文·林奇. 城市意象 [M]. 方益萍，何晓军，译. 北京：华夏出版社，2017.

遗产的创意开发模式与内容更加丰富。

1.3 京津冀工业遗产保护与利用研究

1.3.1 京津冀工业遗产类型

2015年4月,中共中央总书记习近平主持中央政治局会议,审议通过《京津冀协同发展规划纲要》,提出将京津冀地区打造成"全国创新驱动经济增长新引擎"。2016年2月,《"十三五"时期京津冀国民经济和社会发展规划》印发实施,这一国家战略把京津冀作为一个区域整体统筹规划,在城市群发展、产业转型升级、交通设施建设、社会民生改善等方面一体化布局,努力形成京津冀目标同向、措施一体、优势互补、互利共赢的发展新格局。

近年来,随着国家战略的实施,京津冀协同发展成效显著。然而,基于区域视角,京津冀地区工业遗产保护与利用如何协调发展则成为巨大挑战。从工业遗产保护的现状看,根据《中国工业遗产保护名录(第一批)》《中国工业遗产保护名录(第二批)》《第七批全国重点文物保护单位》等文件中所列工业遗产名目中筛选出京津冀三地的名录,甄别并整理京津冀地区工业遗产保护利用案例,数量上共51处工业遗产,5处未明确更新功能,已明确的案例达46处,其中北京23处,占比50%;天津10处,占比22%;河北省13处,占比28%。类型上包括创意产业、景观旅游、商业办公、科研办公、媒体艺术、博物馆展览。[①] 很多工业遗产保护的类型向多样化发展,呈现综合功能一体化的趋势。例如,北京798艺术区,既有创意产业,又有博物展览、传媒艺术、商业办公等功能。从整体上看,京津冀地区的工业遗产数量与保护类型存在较大差距,这与该地区的经济水平、产业发展和保护理念密切相关。

京津冀地区工业遗产保护的案例大多是创意产业。具有代表性的项目有:北京国营798厂(大山子艺术区)、北京华北无线电联合器材厂(798艺

---

① 周雅琴,孙响.京津冀工业遗产区域化协同更新策略研究[J].工业设计,2019(7):109-110.

术区)、北京首都钢铁厂(首钢文化创意产业园区)、中国机床厂(方家胡同46号)、北京电线电缆总厂(北京尚8创意产业园)、北京第二棉纺织厂(莱锦创意产业园)、北京胶印厂(77文化创意产业园)、京广铝业联合公司(一号地国际艺术区)、天津橡胶四厂(巷肆创意产业园)、天津外贸地毯厂(意库创意产业园)、英国怡和洋行天津分行仓库(6号院创意产业园)、天津棉纺三厂(棉三创意街区)、天津华津制药厂(3526创意工场)、天津机车车辆厂(艺华轮创意工场)、天津飞鸽自行车厂("飞鸽88"文化创意产业园)、天津内燃机磁电机厂(辰赫创意产业园)、唐山启新水泥厂(启新1889文化创意产业园)等。在京津冀地区的工业遗产利用类型中,创意产业占41%,景观旅游占22%,媒体艺术占13%,博物馆展览占11%,科研办公占9%,商业办公占4%。数据显示,创意产业和景观旅游高达63%,说明依托地区经济产业、文化创意等优势,在原有工业遗产基础上改扩建成创意产业园、工业遗址公园有较成熟的模式。[①]

1.3.2 京津冀工业遗产文化资源保护与开发现状

从京津冀地区工业遗产的历史定位来看,工业遗产地在某种程度上得到了有效保护和利用。以北京为例,一些老旧厂区已完成了转型,实现了保护与利用并举。北京焦化厂通过主要的生产工艺流程将建构筑物串接起来,完整地展示焦化厂的产业风貌特色。由整个798工厂改造而成的798艺术区,已经成为北京都市文化的新地标。京棉二厂被改造成为莱锦创意产业园,既保留了老厂最具特色的锯齿形屋顶,又满足了创意企业的要求。首钢变身为首钢工业遗址公园,工业旧址进行分级保护、改造。当然,在工业遗产保护过程中,也有很多问题随之出现,如798区域内,一方面工业遗产保护利用与地区产业结构发展需求不完全匹配,另一方面区域交通配套设施不完善,这些问题需要在以后的建设中逐步解决。

京津冀出台相应的工业遗产管理办法,是工业遗产保护的重要举措。

---

① 周雅琴,孙响.京津冀工业遗产型创意产业园区域联动更新设计研究[J].美与时代,2019(9):37-38.

2017年12月，北京市人民政府办公厅印发《关于保护利用老旧厂房拓展文化空间的指导意见》，要求科学分类，因类施策，做好保护性利用和创新性改造；严禁盲目拆建，避免过度改造；重要的老旧厂房要列为工业遗产，纳入历史文化名城保护范畴；明确全市老旧厂房保护利用的范围、对象和层级，制定出台工业遗产专项规划及保护利用管理办法。2017年10月，天津市人民政府办公厅出台《天津市人民政府办公厅关于进一步加强文物工作的实施意见》，提出发挥天津工业遗产优势，建立和完善工业遗产名录，推动工业遗产企业申报工业旅游示范点。2018年7月，河北省保定市颁布了《保定市工业遗产保护与利用条例》，要求文物行政主管部门会同城乡规划、工信和国资部门组织编制工业遗产保护与利用专项规划，报本级人民政府批准，纳入本级国民经济和社会发展规划、历史文化名城保护规划或者城市总体规划；工业遗产所在地乡（镇）人民政府、街道办事处及村（居）民委员会应当协助有关部门做好工业遗产的保护与利用工作。2020年7月，唐山市第十五届人民代表大会常务委员会第三十四次会议通过《唐山市工业遗产保护与利用条例》，内容涉及保护与利用原则、管理体制、认定标准和认定程序、工业遗产利用等方面，提出对具有重要价值的工业遗产应当及时公布为相应级别的文物保护单位和历史建筑，市工业和信息化主管部门负责建立和完善工业遗产档案数据库，鼓励利用工业遗产资源，建设工业文化产业园区、特色小镇（街区）、创新创业基地等，培育工业设计、工艺美术、工业创意等业态。上述《意见》或《条例》的颁布和实施，切实保障了京津冀工业遗产的良性发展。

应当指出，京津冀三地文化遗产保护工作缺乏区域统筹的规划设计。京津冀三地应对一些共性问题展开研究，完善相关法律法规，从区域整体上推进工业遗产保护的协调发展。2018年11月，工业和信息化部印发《国家工业遗产管理暂行办法》，从认定程序、保护管理、利用发展、监督检查等方面对开展国家工业遗产保护利用及相关管理工作作了明确规定，提出开展国家工业遗产保护利用管理工作应当发挥遗产所有权人的主体作用，坚持政府引导、社会参与、保护优先、合理利用、动态传承、可持续发展的原则。《暂行办法》对京津冀地区的工业遗产保护工作提供了指导和参考。

1.4 研究内容与研究方法

1.4.1 研究内容

本书从文化创意的角度研究京津冀工业遗产，共分为五章。第1章绪论，1.1简要叙述研究背景与研究意义，1.2介绍了国内外对工业遗产保护与利用研究，1.3阐述京津冀工业遗产研究，包括京津冀工业遗产类型、京津冀工业遗产文化资源保护与开发现状，1.4介绍了研究内容与研究方法。第2章分析的是京津冀工业遗产文化创意资源开发的资源基础和价值评价指标体系，首先介绍了国内工业遗产价值评价研究与探索，其次分析了京津冀工业遗产文化创意资源开发的资源基础，在此基础上建立了京津冀工业遗产文化创意资源价值评价指标体系。第3章进行了京津冀工业遗产文化创意资源价值排序，然后对京津冀工业遗产文化创意资源作了价值评价，包括华北制药厂、京张铁路、北京焦化厂等。第4章基于文化创意产业的京津冀工业遗产保护与利用，分析了京津冀工业遗产保护与策略，然后对京津冀工业遗产保护理念和文化创意实践探索进行研究，继而分析了京津冀一体化背景下工业遗产文化创意开发面临的机遇与挑战。第5章分析了京津冀工业遗产保护与文化创意产业发展互惠共生系统，对京津冀工业遗产保护与文化创意产业融合发展策略及开发模式进行探讨，并分析了北京、天津、河北三地的典型案例。

1.4.2 研究方法

1. 文献研究法

通过文献查阅和网络搜索等方式，搜集历史资料、文物普查的成果和国内外专家学者有关工业遗产、文化创意产业、文化资源开发等方面的著述，并进行归纳、整理和综合分析，从而撷取研究主题的信息，形成研究的理论依据和实证资料，为本书写作打下坚实的基础。

2. 实地调查法

根据调研方案进行实地调查，制订解决方案。通过实地考察、典型调查、现场观察、专家访谈等形式收集相关数据和信息，并进一步整理与研读。

3. 实证分析法

通过对京津冀工业遗产评价指标体系的量化分析，得出具有说服力的研究结论。依据共生理论的基本分析方法，探讨京津冀工业遗产保护与文化创意产业发展互惠共生系统。

第 2 章　京津冀工业遗产文化创意资源基础和价值评价指标体系

文化遗产保护的决策过程可分为调查、评估和决策三个步骤。其中，评价是认识文化遗产价值的过程，是文化遗产保护的基础。[①]价值识别与评价包括对其价值的评价、对其保存现状的评价和对其现有管理状况的评价。京津冀工业遗产文化创意资源开发应首先对京津冀工业遗产文化创意资源进行调查分析和价值评价，只有这样，才能将京津冀工业遗产与文化创意产业更好地结合，才能进一步推动京津冀工业遗产的可持续发展。

2.1 国内工业遗产价值评价研究

2.1.1 探讨评价方法的可行性

以《威尼斯宪章》《实施指南》及《联合国教科文组织公约》为核心的国际文献，形成了一系列对人类文化遗产的评价和分类标准。[②]从国内研究的角度来看，对文化遗产的评估主要是基于对历史等方面研究的定性描述。在建筑遗产评价领域开展了定量评价研究，特别是大型遗址、古民居、历史街区、城市特色景观等，主要以科学决策为目的。目前，学术界对工业遗产的价值评估还没有统一的方法和标准。许多学者根据自己的认识和实践，总结和建

---

① 张文珺，邵俊英. 浅谈常州市工业遗产保护与利用 [J]. 江苏城市规划，2008（9）：17-21.

② 曹翠芬. 关于武汉工业遗产保护与利用的思考 [J]. 党政干部论坛，2017（9）：18-20.

立了工业遗产的评价方法,主要是定性描述。文章《北京工业遗产评价办法初探》提出了一种分层次的评价方法。首先对各个行业的工业企业进行整体评价,筛选出具有遗产价值的企业,其次对属于工业企业的建筑物、设施、设备进行综合遗产价值评估,最后进行综合比较,并根据最终得分提出工业遗产名录。具体的评价指标有两种:一是关于历史赋予工业遗产的价值,即在工业遗产产生、发展过程中形成的价值,主要包括历史价值、科学技术价值、社会文化价值、艺术审美价值和经济利用价值,五项价值平均对待,每项价值20分;每项价值分为2个分项,每个分项价值10分;评价既关注物质构成的价值,也关注非物质构成的价值。评价办法既可用于评价工业企业整体,又可用于评价工业企业所属的建构筑物和设施设备等物质实体。二是关于工业遗产现状及保护、再利用相关的价值,主要包括区域位置、建筑质量、利用价值、技术可能性;四项价值平均对待,每项价值25分;每项价值分为2个分项,前一个分项价值高于后一个分项价值,前一个分项价值15分,后一个分项价值10分。评价办法主要用于评价工业企业所属的建构筑物和设施设备等物质实体。近年来,北京的城市化进程不断加快,城市规模不断扩大,产业结构不断升级,产业布局不断调整。大量工业资源被拆除,其中包括许多有价值的工业遗产,如北京双和盛啤酒厂麦芽楼、北京清河毛纺厂等。目前,在政府相关部门的推动下,工业遗产越来越受到重视。2007年12月,北京市规划委员会和北京市文物局宣布北京优秀近代建筑保护名录,如北京自来水厂、北京铁路分局基建工程队职工住宅、首钢厂房的历史展厅、798工厂、北京焦化厂等,共有6个项目、23栋房屋属于工业遗产,占71个项目总数的8.45%,占188幢建筑物总数的12.23%。日前,北京市计委、北京市国土资源局联合举办了"北京焦化厂工业遗址保护与发展规划"国际竞赛,标志着北京工业遗产保护进入了一个新的阶段。[①]

工业遗产的保存首先在于发现。北京工业资源丰富,在实践中,我们不可能把所有的工业资源都作为工业遗产来保护。如果降低工业遗产的标准,泛化工业遗产的概念,工业用地的价值就不能得到恰当的体现和释放。同时,不能忽视工

---

① 刘伯英,李匡. 北京工业遗产评价办法初探 [J]. 建筑学报,2008(12):10-13.

业资源宝贵的工业遗产，推倒所有工业资源从头再来，盲目追求工业用地再开发的经济利益，"推倒不该拆除的"。因此，如何找出现有的工业遗产的价值，在大量的工业资源中衡量和判断工业遗产的价值，建立北京工业遗产的评价方法，并进行分级保护工业遗产，已经成为北京工业遗产保护的首要任务。

《城市工业遗产的价值评价方法》一文，在对我国保护城市工业遗产过程中遇到的问题作出分析的前提下，借鉴了生态因子的评价方法，建构城市工业遗产的价值评价方法，用以综合评价城市工业遗产，着重解决城市工业遗产的认定与分级，明确城市工业遗产的具体保护对象，最后提出了针对不同的保护级别，选择合理的保护途径与方法。生态因子评价方法是一种通过建立一套完善的指标体系，在定性与定量结合上具体评价、考核生态成效的方法，这种多功能、多层次、多目标的方法体系对城市工业遗产的评价具有参考意义。参考生态因子评价方法，建构城市工业遗产评价方法，可以从定性与定量的结合上对目标对象进行整体性、相关性和综合性的评价，从而为城市工业遗产的保护与再利用提供科学依据。[1]

在《遗产廊道评价方法——以大运河工业遗产为例》一文中，提出遗产廊道构建是一个多层次的控制系统，各层次之间应该相互协调和衔接。以工业遗产廊道为例，构建工业遗产价值评价体系，分别对建构筑物、企业及相关单位、工业聚集区、沿运主要城镇四个不同层次进行评价分级。首先将建构筑物单体价值分为遗产点本征价值与其所在工业企业单位的价值两部分，并进行定量评价，在此基础上进行叠加分级。工业企业单位评价运用定量与定性相结合的方法，分为工业企业单位本征价值与现有保存状态两方面。本征价值根据企业历史文化价值分级，保存状态则通过第一层次遗产点的数量、质量与分布情况进行分级，然后综合两方面进行工业企业单位总体分级。历史工业聚集区与沿运城镇则主要运用定性评价方法，根据上两个层次的评价结果进行分析。[2]

---

[1] 张毅杉，夏健. 城市工业遗产的价值评价方法 [J]. 苏州科技学院学报，2008（3）：41-44.

[2] 朱强，袁剑华. 遗产廊道评价方法——以大运河工业遗产为例 [C]. 城市规划和科学发展——2009 中国城市规划年会，2009.

以上评价方法，总结了一些共同的特点。一是等级评估。本研究采用不同空间层次的工业遗产单独评价，主要包括城市、工厂和建筑三个层次。根据不同研究对象的范围大小，将不同层次进行划分，并针对不同层次制定不同的评价指标体系。二是定量和定性相结合的方法。上述研究指出，工业遗产的评价离不开定性和定量相结合的评价方法。定量评价方法更准确，因为价值评价是主观认知的反映，量化方法提供了相对客观的参考。三是建立指标体系。工业遗产的历史、艺术、科学技术、社会价值评价进一步细化，并且增加了经济和环境方面的评估。评估时，对每个指标给出一定的分数。在指标体系中，主要针对工业遗产的代表性，因此有时忽略了遗产真实性、完整性和濒危性的评价指标，这是影响遗产价值的重要因素。

2.1.2 探讨评估原则的可行性

对工业遗产的评价应从整体出发，既要从工业遗产的真实性、代表性和完整性出发，又要从工业遗产的稀有性和特殊性出发。评价指标应尽可能全面，但也应避免过于详细，并应简单明了。评价本身是一种主观判断，应定性评价与定量评价相结合。第一，全面性。工业遗产是个复杂的生命体，曾经长期在工业城市中担负重要的职能，选取的价值因子应全面反映其主要属性。第二，科学性。每个价值因子能够客观反映我国工业遗产的最本质特征，概念清晰，避免重复。第三，重点性。影响工业遗产的价值因素很多，不可能一一选取，抓住主要矛盾，突出共性，选取具有代表性的价值因子。第四，动态性。随着研究的深入以及实际经验的积累，选取的价值因子应该符合时代发展的需要。[①] 评价具有主观性和模糊性，对于本身具有模糊性的事物，坚持用精确的数字来表达是不客观的，也是不科学的，特别是涉及人的思想、情感、意识等方面，很难采用定量的方法，定量分析只能在某些评价要素的标准可以量化的情况下使用。因此，工业遗产价值的评价应定性与定量相结合，定性为主，定量为辅。这是由工业遗产本身的复杂性决定的。

---

① 张毅杉，夏健.城市工业遗产的价值评价方法[J].苏州科技学院学报（工程技术版），2008（1）：41-44.

2.1.3 探讨评价指标体系的可行性

1. 循序渐进评价法

建立从整体到局部循序渐进的调查评价方法，可从"工业城市—典型企业—建筑遗产"三个层次对工业遗产进行评价。

首先，将城市工业发展的价值和特征评估作为一个整体，从历史城市工业发展的现状和特点进行评估。其次，调查选择能够代表城市产业水平的重点行业和企业。最后，对建筑遗产的评估。在一个典型工业遗产的工厂，占地面积几平方千米。虽然不会对整个工厂进行保护，但具有代表性的建筑、设备可从历史、技术、审美价值等指标来评价。重点设施、主要工艺设备和建筑都是工业遗产保护的对象。①

在上述三步中，前两步主要是从文献中寻找线索，为工业遗产的评价铺路。工业遗产是一个具体的实体，而不是一个工厂名称。比如一些历史上有价值的工厂，但现在已经被拆除，除非有工业遗产实体具有保护价值，否则只能被废弃。因此，遗产评估仍处于第三步，即对具体发现的工业遗存进行综合价值评估。

三个等级的综合评价方法和步骤首先从城市的工业发展、工业化城市的主要特征出发，梳理历史上的代表性企业，然后主要为这些企业发调查报告，考察现有代表性工业的遗存，评估其真实性和完整性，选取具体的工业遗产。

一些具有里程碑意义的企业，由于城市化和企业自身的管理问题，已不存在工业遗产。对此，应当把这些企业录入工业遗产名录，这样可使整个城市的工业历史信息更加完整。

这种整体评价有助于真实、全面地反映城市工业化特征，快速发现城市工业遗产，保护工业城市整体的历史价值。

2. 评价指标体系的构成

从全面性、科学性、重点性、动态性四个方面对工业遗产价值体系进行评价，提炼出四个层次。全面性分为历史价值、技术价值、社会价值、经济

---

① 许东风. 近现代工业遗产价值评价方法探析——以重庆为例[J]. 中国名城, 2013(5): 66-70.

价值和审美价值五个子类。重点性有历史价值和技术价值指标权重较高，再比如经济价值中，如果早期工业发展的遗迹具有独特的代表性，就必须作为遗产加以保护，即使它们在其他指标上较差。动态性比如历史价值中时间越长，历史价值越高。科学性表现为技术价值中某一技术、设施和设备在同一行业的应用是开拓性的，历史上的名牌产品就是先进技术的表现。具体到某一指标，比如社会价值，从促进当地经济社会发展、城市化、企业文化和精神等方面进行评价，城市化是农村向城镇发展的直接动力；比如审美价值，审美情趣越突出，价值就越高。

根据层次结构图、设计问卷形式，调查比较对象的相对重要性，包括历史文化专家、设计师、研究者和管理者。如发放问卷30份，回收30份，可以将其归纳为工业遗产评价体系，因为该体系为我们工作中的工业遗产评价提供了参考。在实践中，常常需要进一步用数值来确定各项指标的重要性，对每一项工业遗产评价给出一个参考分值，从而定量地反映遗产的价值，使价值评价更加直观。

在实践中，专家评审小组对每个工业遗产进行评分，并以专家的平均得分作为最终得分。评估会在对各文物参考点进行评估后，根据所有得分的排序，整理工业遗产登记名录，综合考虑文物的稀有性。评价体系参考表中的指标得分具有主观性和不确定性，仅为工业遗产价值的定量评价提供参考，以免各专家得分差异过大。评价毕竟是一种主观行为，在实际操作中，各评委会根据对文物价值的认知来打分，不一定完全根据所给的分数来判断。[①]

2.2 京津冀工业遗产文化创意资源价值评价指标体系

2.2.1 工业遗产文化创意设计思路和资源基础

京津冀整个评价指标体系的设计理念如下：从实证主义开始，采用重点归纳方法，比较国内外被明确列为实证分析工业遗产案例，从中提取基本共

---

① 崔春生，臧振春. 我国工业遗产评价指标体系的借鉴与思考研究 [J]. 信息系统工程，2017（6）：141-143.

性，形成一系列相互独立和容易评估的指标。一般来说，在采用归纳法的基础上，使用演绎法添加一些理论指标，参照《下塔吉尔宪章》、工业遗产保护和利用的《无锡建议》，加之总结前人的经验，归纳后得出结论。工业遗产的价值指标有科技价值、历史价值、文化价值、经济价值、审美价值。选定的评价对象从联合国教科文组织评估的工业遗产、全国文物普查认定的大量新工业遗产、列入全国重点文物保护单位名录的工业遗产中选出。特别需要指出的是，该指标体系具有开放性和动态性。随着工业遗产研究的不断深入和普查的新发现，该评价体系应该能够得到不断调整和完善。通过专家访谈和问卷调查，从文化创意资源开发的角度确定了该评价指标和价值排序。

城市中心大规模工业闲置用地的出现，逐渐将工业遗产的保护纳入了重要的考虑范围。如何有效地保护和利用这些工业用地，是工业遗产保护中亟待解决的问题。工业遗产保护的基础是价值评估，而价值评估是建立在历史研究的基础上的。因此，基于京津冀工业遗产为研究对象，全面分析其背景、发展和社会影响，并通过实地调查，掌握基本情况，对其进行价值评估。

本书主要解决三个问题：首先，对京津冀地区的产业发展进行梳理，分析京津冀地区的产业构成；其次，在了解产业构成的基础上，对京津冀工业遗产进行调查，基本了解京津冀工业遗产现状；最后，在了解现状及其历史的前提下，对京津冀工业遗产文化创意价值进行分析。本书对京津冀地区的部分工业遗产进行了实地调查，并查阅了有关档案，对京津冀地区广泛的工业遗产有了较整体的把握。只有掌握了基本的情况，京津冀工业遗产保护与再利用工作才能顺利开展。

今天，被广泛用于保护和利用的主要形式有展厅、休闲公园、博物馆、文化创意工业园区等。目前只在京津冀产业相对发达、使用范围广泛的工业遗产的保护才受到重视，而另一些工业遗产的保护并不容乐观。工业遗产的保护只有在充分了解其历史和价值的情况下才能进行合理的再利用，也就是说首先要做研究。从总体上看，京津冀地区工业遗产保护与再利用取得了一定成果，但仅限于部分重点项目。希望通过本书的初步调查分析，相关部门能够更加重视京津冀产业遗产的价值，为京津冀经济社会发展和文化交流作出贡献。

2018年1月17日，在北京召开了主题为"中国工业遗产保护名录（第一批）"的新闻发布会。2019年4月12日，在中国科学技术厅举办了主题为"中国工业遗产保护名录（第二批）"的新闻发布会。中国工业遗产保护名录既包括洋务运动时期的官办企业，也包括中华人民共和国成立以来的156项重点建设项目，涵盖了造船、军工、铁路等类别，是具有代表性和杰出的工业遗产。

背景意义：工业遗产不仅是文化遗产，也是记忆遗产和档案遗产。工业遗产保护名录的形成，非常有利于保护这些文明标志，使其成为全人类的共同财富。这是一件功在当代、利在千秋的大事。工业遗产是人类文明和历史发展的见证，其历史文化价值、科技价值、经济价值和艺术价值在世界范围内得到广泛的重视。我国正处于社会转型时期，城市化进程加快，一大批为我国现代化作出过巨大贡献的老工业企业正面临着重组、搬迁的命运，其设备、产品也在不断的更新换代中，因此保护和利用工业遗产成为紧迫的问题。保护和利用工业遗产意义重大，一是唤起公众对工业遗产保护的重视，二是支持科学决策，三是继承和发展城市文化，最重要的是通过保护工业遗产来促进整个城市经济发展的转型升级。工业是城市发展的核心要素，工业遗产是城市文化的重要基因，如何实现遗产传承是一个历史性的问题。在遗产的活化和利用过程中，要注重整体和系统的思维，从城市特色出发，将工业遗产融入当代生活，使其成为大众日常生活的重要组成部分。[①]

鉴定标准：国家工业遗产应具备四个方面的条件。一是在中国历史上有象征意义、对中国历史或世界历史有重要影响、与中国社会变革密切相关的历史事件和人物。二是代表工业生产技术改革的重大项目，它反映某一行业、地区或历史时期技术创新、技术突破，对后续科学技术发展具有重要影响，具有较高的科学技术价值。三是具有丰富的产业文化内涵，对当时社会经济文化发展具有较强的影响力，反映当时的社会风貌，具有广泛的社会认可度，具有较高的社会价值。四是它的规划、设计和工程代表了特定历史时期或地

---

① 张文珺，邵俊英. 浅谈常州市工业遗产保护与利用 [J]. 江苏城市规划，2008（9）：17-21.

区的特征和特色,对工业美学具有重要影响,具有很高的艺术价值。[①]

2.2.2 工业遗产文化创意评价指标设计原则

工业遗产作为一种新的文化遗产类型,目前社会对其认识还不够深入。因此,建立京津冀工业遗产保护与文化创意产业融合的评价指标体系应遵循以下四个原则。

1. 系统性原则

在确立综合评价的指标时一定要遵循系统性原则,要切记从各个方面反映京津冀工业遗产文化创意可持续发展的各种方面,不仅要包括京津冀工业遗产文化创意发展项目的经济社会发展,还要注重京津冀工业遗产文化创意发展项目的环境、生态发展。此外,还要注意京津冀工业遗产文化创意发展项目几个指标之间的内部结构问题,从而有机地衔接起评价目的和评价指标,这样可以有效地避免评价指标的矛盾性和重复性,从而使京津冀工业遗产文化创意发展项目能够实现最优可持续设计。

2. 符合性原则

识别京津冀工业遗产的指标应符合抽象概念和具体实例,每个指标都要能够实现归纳法和演绎法之间的方法对接,就是既可以作为概念的"细化分支",也可以作为案例的"回归点"。因此,指标体系的设计必须呼应公认的京津冀工业遗产和主流文化遗产,它不仅包含一般文化遗产的共同评价指标,也反映了创新京津冀各工业遗产设计中一些关键指标的特点,并明显不同于一般文化遗产的评估标准。

3. 层次性原则

京津冀工业遗产文化创意发展是一个有机的系统,同时也可以分为不同的小系统,比如建筑改造、环境整合、空间交往等,所以在对京津冀工业遗产文化创意资源可持续发展进行综合评价时一定要坚持层次性原则,要多维度、多层次地进行评价,从而使京津冀工业遗产文化创意可持续发展有一种

---

① 王琳. 北京市工业遗产旅游资源——产品开发研究 [D]. 北京:首都经济贸易大学,2010.

有机的整体和连贯性，做到设计明确、层次鲜明。

4.可操作性原则

京津冀工业遗产文化创意资源可持续设计综合评价体系是一种理论整合，但是这种理论整合最终要落实在实践中。所以，整个评价指标的可持续设计必须要坚持可操作性原则，要在科学合理的基础上坚持整个评价体系的协调和统一，要考虑评价标准的难易程度和实用度，要坚持从实际的资料数据标准和规范标准出发，尽量对京津冀工业遗产文化创意资源可持续发展指标评价的细致、量化，具有实践的借鉴效果。

上述四项原则设计了京津冀工业遗产保护与文化创意产业融合的综合评价指标体系研究，这是本书设计过程建立的综合评价指标体系，以便从更高层次、更大范围，以更务实的态度去保护和创新京津冀工业遗产。

2.2.3 工业遗产文化创意资源价值评价指标体系内容

依据上述原则，结合联合国认定的50处、中国公布的11处和第三次文物普查中发现的典型工业遗产，参照《下塔吉尔宪章》《无锡建议》以及本书对于工业遗产的定义，选出了31个典型的京津冀工业遗产文化创意资源价值评价指标对象，在分析比较后，得出如下结论：京津冀工业遗产的综合评价应立足于工业遗产保护与合理利用，并考证其工业遗产的多重价值。根据工业遗产的综合评价需要拟定体系结构，即2个一级指标、6个二级指标、15个三级指标，并据此评价各项指标对京津冀工业遗产文化创意资源价值的影响程度划定每个指标所占的分数，作为确定工业遗产文化创意资源价值等级的依据。

2.2.4 工业遗产文化创意资源价值评价指标解释及评价方法

2.2.4.1 科技价值指标

该指标用于衡量工业遗产中所包含的工业技术价值。由于技术价值在工业遗产价值体系中占有核心地位、充分体现了工业文物的特殊性，因此在评价指标体系中以24%的权重排在第一位，分为科学技术的历史坐标和技术的实际效果两个二级指标，具体描述了技术在工业遗产中所包含的水平和地位。

首先是科技史坐标，设计12%的权重，代表了技术在人类历史上的地位。工业遗产中包含的废弃或过时的生产线，既体现了人类的阶段性生产技能，也体现了工业生产技术改造的可持续性，必须保存并传承下去。（1）重大技术变革意义评价：工业遗产是否包含"里程碑"式的技术创新，是否具有"划时代"意义，如蒸汽、电力、新能源等电力技术标志。（2）一般技术进步意义评价：一些工业遗产中体现的技术创新虽不是重大创新，但也是创新阶段之间的必要变化过程，如生产操作方法和机械设备的阶段性技术进步。（3）技术专利原创性评估：对原申请专利时工业遗产中所含技术进行鉴定和评估。

其次是技术实效指标，设计12%的权重，代表技术的实际使用情况。（1）科技贡献率：技术大规模应用后经济产出的提高。（2）生活影响：科技进步对人们生活方式的改变程度。（3）招商引资：对技术进步的招商引资。（4）人力资本的导向作用：技术进步对劳动者就业和技能培训方向的影响程度，如一种技术对某种特定类型工作的影响。（5）技术标准化程度：所包含的技术是否具有标准，或对标准的形成是否有重大影响。（6）生产组织模式的进步：所涉及的技术进步是否会带来生产组织模式的进步，包括生产方案设计、工艺安排和管理模式的进步，如丰田生产模式、装配线操作等。

有必要指出，代表传统工艺的金属冶炼、窑炉、作坊，包括酿酒、制油等，不应列入工业遗产名录。因为工厂与手工作坊和车间手工业的本质区别在于：工厂采用大机器和新技术，生产规模大，生产效率高，质量较好。①

2.2.4.2 历史价值指标

用来衡量工业遗产所包含的历史价值。由于历史价值是构成一般文化遗产的重要因素，反映了工业遗产作为文化遗产的基本属性和作为文物遗产的共性，因此将其列在第二位，权重为22%，并设置3个二级指标。

首先是历史年代、历史延续性指标，设计8%的权重。（1）历史年代指标是衡量工业遗产历史价值的最基本的历史符号。工业遗产的时间越长，其历史价值就越高。该指标具体表现为工业遗产主要存在和所处的时期。（2）历史延

---

① 张京成，等. 工业遗产的保护与利用 [M]. 北京：北京大学出版社，2013.

续性指标。中国工业化经历了一个复杂的发展过程，近代有外资工业、洋务工业和民办工业，中华人民共和国成立后有民营企业、公私合营企业和国有企业，那些仍然存在的工业遗产见证了所处城市、地区乃至国家经济发展的过程，如上海苏州沿河的工业遗产建筑，见证了无锡茂鑫面粉厂近代中国民族工商业的兴衰。该指标的具体表现如下：企业的演进或属于工业遗产的企业的演进，包含了工业遗产的历史连续性，并提供了不同阶段的工业遗存和工业信息。

其次是历史事件、历史人物指标，设计8%的权重。（1）历史事件指标。它是指如果它经历了历史上重大事件的发生，其作为一般文物的属性必须得到增强，因此它是工业遗产历史价值的重要标志。（2）历史人物指标。它是指与工业遗产有重要联系的著名历史人物。这些历史人物有助于提高工业遗产的历史价值，增加工业旅游的吸引力。

最后是历史地位指标，设计6%的权重。衡量工业遗产在历史上是否处于领先地位，是否具有开创性，即企业发展的历史是否具有典型意义。也就是说，工业遗产承载企业是否在国民经济和社会发展中发挥过重要作用、作出过重要贡献或有重要影响，如新中国生产的第一辆汽车、新中国破产的第一家国有企业。

2.2.4.3 社会文化价值指标

工业遗产的文化价值指标用来描述工业遗产的集体记忆，包括遗产内的文化和遗产外的文化。属于工业遗产的充分条件，权重22%。分为以下几个方面：

一是企业自身文化指标，设计6%的权重。这一指标主要体现在承载工业遗产的企业形成的著名企业文化、企业精神和工厂培训等方面（如大庆精神、鞍钢宪法等），包括评价企业文化对企业经营发展的影响，分重大影响、重要影响、一般影响和没有实际影响四个层次。

二是企业名誉评价指标，设计8%的权重。该指标主要指工业文化遗产企业获得的重要荣誉，如领导碑文、批示、中国驰名商标称号、免检产品称号、中国名牌产品称号、中国工业大奖等。包括企业知名度（属于工业遗产的企业在社会上为人所知的范围，分为著名、知名、普通三个等级）和企业信誉（属于工业遗产的企业信誉，有很好、较好和一般三个层次）。

三是城市文脉的和谐程度，设计8%的权重。工业遗产往往塑造与特色产业相关的当地居民的特色生活方式，形成以当地居民为主体的场所（如钢铁城、纺织城、石油城等），反映了企业文化对当地民俗生活方式的影响程度。工业遗产的持续利用对社区居民的心理具有稳定作用，包括评价与城市文脉的协调程度（有巨大冲击、重要冲击、一般冲击、无实际冲击、消极冲击五个等级）、评价与环境背景的关系（分为和谐、普通、矛盾三个层次）。

2.2.4.4 美学价值指标

工业生产具有很强的科学性和逻辑性，与之相关的建筑物和机械设备的规划设计体现了科学技术的美感。工业美学和机械风格成为描述工业建筑和机械设备的独特语言。主要采用定性评价方法，权重为12%，包括建筑美学价值和机器美学价值。

一是建筑美学价值指标，设计6%的权重。工业遗产的体系结构通常具有一定的艺术和风格趋势，它可以反映工业时代的进化过程，记录不同时期的建筑审美水平，反映了工业建筑的存在和发展的价值。作为一个独立的建筑类型，具有建筑历史的研究和教育意义。（1）工业建筑的造型特点。从规划设计的角度评价工厂、建筑、构筑物的风格，评价内容主要包括建筑装饰线条的变化趋势及其与其他建筑显著不同的特征，如高大的烟囱和水塔、连续的钢架和钢管、巨大的仓库和车间等。（2）工业建筑的材料特性与结构逻辑。工业建筑的结构、材料、建造方法与生产功能之间有着密切的逻辑关系，为了满足工业生产的需要，逻辑美感必然体现在结构设计上，专业要求也必然体现在材料上，比如金属的使用。工业化初期的工业建筑多由铸铁柱、木地板和木墙、砖墙或石墙组成，中期出现了一种新的由铸铁梁柱支撑的砖拱防火结构，后期又被钢筋混凝土所取代。（3）工业景观特征。工业遗产的设备和建筑在其特定的生产过程中形成有节奏的形状和戏剧性的外部空间，这使工业遗产景观在外部环境中具有鲜明的地理特征，这也使得工业遗产所在区域具有历史地标价值和意义。评价内容包括房地产规模、强度分布、地标景观保护和控制的范围、地下设施、地面结构、整体全面的工业建筑以及场景咖啡馆等，这些都反映了工业遗产的结构之美。

二是机器美学价值指标，设计6%的权重。该指标包括机床的设计和制造工艺，以及机床设备的精密结构。(1)工具和机械的设计和制造。工具机械的设计和制造过程可以体现机械美学指标和技术步骤，作为一种物质载体，保存至今的工业机械设备反映了近现代民族工商业的发展历程。(2)机械设备结构精密。精密度是反映机械先进程度的重要指标，生产工艺和设备反映了近现代工业发展的历史特征。①

2.2.4.5 经济学价值指标

如果上述四种价值指标（科技、历史、社会文化、美学）集中在工业遗产的过去，那么经济价值指标则主要代表工业遗产的方向和未来。工业遗产的经济价值不同于其他文化遗产，它的经济价值只能通过改造和再利用来实现。资源价值理论首先提出了使用价值和非使用价值。纵观工业遗产案例，保护性再利用是主要手段，因此经济学价值指标也非常重要，权重为20%。

一是使用价值指标，设计10%的权重。该指标从工业遗产开发利用的角度来衡量工业遗产可能带来的效益，使用价值又分为直接价值和间接价值。(1)直接使用价值，设计6%的权重。一般分为两类，即可以直接使用的实物和可以直接受益的服务。工业遗产改造后可以在厂区内继续使用的结构，属于可以直接使用的实物。可直接受益的服务包括研究、文化、教育、旅游以及人们可以参观的文化遗产等，如建筑结构和生产线，还有一些来自工业遗产的材料可供考古学专业人员研究。直接使用价值具有非消耗性，即喜欢参观的人获得直接使用价值，但不消耗工业遗产资源。(2)间接使用价值，设计4%的权重。没有在市场上直接交换的潜在价值。从定义上讲，间接使用价值不能在市场上直接交易，它包括改造或再利用后形成的产业景观对周围环境的改善，或改造再利用产业的变化所提供的就业机会。

二是非使用价值指标，设计10%的权重。工业遗产的非使用价值，是指现阶段不使用但为自己或后代保留将来使用的价值，是工业遗产公共物品属性所体现的价值。没有交易市场，工业遗产的价值难以确定。非使用价值可以分为三类，其中存在价值、选择价值和遗赠价值与工业遗产的可持续发展

---

① 张京成，等. 工业遗产的保护与利用 [M]. 北京：北京大学出版社，2013.

密切相关。(1) 存在价值,设计 3% 的权重,存在价值是指工业遗产的存在对个人或对社会都有价值。虽然个人可能永远不会消费工业遗产,但它的存在表明了它的价值。(2) 选择价值,设计 3% 的权重。选择价值是指现人或子孙有权在某一天选择是否使用遗产提供的服务,虽然目前还没有被工业遗产消费,但在未来仍然是可能的。(3) 遗赠价值,设计 4% 的权重。遗赠价值是指人们可以保存文化资产,让后代可以继承遗产的价值,将工业遗产作为遗产留给子孙后代,以便他们在未来能够消费。

综上所述,使用价值和非使用价值可以用市场交易与否来划分。工业遗产的使用价值是其可用性所体现的价值,即遗产为当代人提供了现实的使用价值,亦即人们为获得一定的遗产服务而支付一定的费用。工业遗产的非使用价值是指人们现在不去消费它,而是为自己或后代保留使用它的机会。

2.2.5 工业遗产文化创意资源价值指标评价表

根据中国工业遗产的复杂性,本书在指标层面上或在一个特定的分数上,做一个比较彻底的细化工作,以增强其科学性和灵活性,并尽可能客观地反映工业遗产的价值,推进确定保护和利用的方向和措施。在本书中,通过层次分析法确定各评价指标的评价权重,即根据各指标在评价体系中的地位和作用,确定其在总指标体系中的比例,从而产生评价权重。在上述评价指标的建立过程中,强调了指标之间的非重复和相互协调,以及各子系统对总体评价目标的重要性和差异性。因此,具体指标的评价权重可以采用一般递减分配的方式确定。本书遵循的原则是评价系数的和应该等于 100,它被分为两部分。作为工业遗产核心价值的科技价值占 24%,其余的非核心价值占 76%,但个别价值不能超过 22%,以彰显核心价值的地位,避免概念混淆。如果某一遗产的历史价值、文化价值、经济价值和审美价值明显高于其科学技术价值,那么评价对象的核心价值不属于工业,而属于一般文化遗产范畴。在此基础上,设计了评价指标体系。一方面注重工业遗产的普遍性,避免因认识不足而导致其消失;另一方面注重工业遗产的代表性,避免因指标过多而失去重点,从而确保最具代表性、最有价值的工业遗产得到保护。

京津冀工业遗产文化创意资源价值评价指标体系表

一级指标	二级指标	三级指标
文化学价值（80分）	历史价值（22分）	历史年代、历史延续性（8分）
		历史事件、历史人物（8分）
		企业历史地位评价（6分）
	科技价值（24分）	科技史坐标（12分）
		技术实效（12分）
	社会文化价值（22分）	企业自身文化（6分）
		企业名誉评价（8分）
		城市文化的和谐程度（8分）
	美学价值（12分）	建筑美学价值（6分）
		机器美学价值（6分）
经济学价值（20分）	使用价值（10分）	直接使用价值（6分）
		间接使用价值（4分）
	非使用价值（10分）	存在价值（3分）
		选择价值（3分）
		遗赠价值（4分）

第 3 章 京津冀工业遗产文化创意资源价值排序和价值评价

价值评价的主要目的是准确了解工业遗产所包含的历史、科技、社会文化、审美、经济学信息。通过相关的历史研究和比较研究，我们可以深入地了解京津冀工业遗产的价值，包括遗产本身丰富的历史文化信息及其在国家和区域层面的价值状况。同时，我们可以使用定量或定性的分析方法来识别其价值的重要程度。

3.1 京津冀工业遗产文化创意资源价值排序

京津冀工业遗产文化创意资源价值排序表

排名	分数													
	文化学价值指标得分（80分）									经济学价值指标（20分）				
	历史价值（22分）			科技价值（24分）		社会文化价值（22分）			美学价值（12分）		使用价值（10分）		非使用价值（10分）			
	历史年代、历史延续性 8分	历史事件、历史人物 8分	企业历史地位评价 6分	科技史坐标 12分	技术实效 12分	企业自身文化 6分	企业名誉评价 8分	城市文化和谐程度 8分	建筑美学价值 6分	机器美学价值 6分	直接使用价值 6分	间接使用价值 4分	存在价值 3分	选择价值 3分	遗赠价值 4分	总分
开滦煤矿	7.8	7.8	5.7	11.2	11.4	5.8	7.6	7.6	5.3	5.5	5.7	3.4	2.6	2.4	3	92.8
首都钢铁公司	7.7	7.7	5.8	11.4	11.4	5.8	7.6	7.5	5.4	5.6	5.6	3.5	2.5	2.4	2.8	92.7
大沽船坞	7.7	7.7	5.5	11.5	11.1	5.6	7.5	7.6	5.3	5.5	5.7	3.5	2.7	2.6	2.7	92.2
718联合厂	7.7	7.5	5.3	10.5	10.8	5.4	7.7	7.8	5.6	5.1	5.8	3.8	2.5	2.4	3.1	91
天津金汤桥	7.4	7.7	5.6	11.4	11.2	5.3	7.5	7.7	5.6	4.8			2.5	2.4	2.5	90.6
北京焦化厂	7.6	7.8	5.6	11.4	11.4	5.6	7.3	7.4	5.4	5.6	5.4	3.4	2.1	2	2.6	90.6
天津碱厂	7.5	7.8	5.6	11.4	11.5	5.3	7.3	7.4	5.2	5.5	5.5	3.2	2.3	2.1	2.5	90.4
耀华玻璃厂	7.7	7.6	5.5	11.5	11.4	5.5	7.5	7.4	5.5	5.3	5.4	3.1	2.2	2	2.6	90
启新水泥公司	7.5	7.6	5.5	11.5	11.3	5.5	7.4	7.4	5.6	5.2	5.4	3.1	2.3	2.2	2.4	89.9
天津解放桥	7.7	7.5	5.5	11	11	5.2	7.5	7.7	5.6	5.2	5.5	3.5	2.3	2	2.5	89.7

(续表)

排名	分数														总分
	文化学价值指标得分（80 分）										经济学价值指标（20 分）				
	历史价值（22 分）			科技价值（24 分）		社会文化价值（22 分）			美学价值（12 分）		使用价值（10 分）		非使用价值（10 分）			
	历史年代、历史延续性 8分	历史事件、历史人物 8分	企业历史地位评价 6分	科技史坐标 12分	技术实效 12分	企业自身文化 6分	企业名誉评价 8分	城市文化和谐程度 8分	建筑美学价值 6分	机器美学价值 6分	直接使用价值 6分	间接使用价值 4分	存在价值 3分	选择价值 3分	遗赠价值 4分	
二七机车厂	7.6	7.8	5.5	11	11.5	5.6	7.3	7.5	5.2	5.5	5.5	3	2.3	2	2.3	89.6
唐胥铁路修理厂	7.7	7.7	5.6	11.2	11.4	5.6	7.2	7.4	5.3	5.3	5.4	3.2	2.2	2	2.3	89.5
京张铁路	7.7	7.8	5.6	11.3	11	5.4	7.3	7.2	5.2	4.9	5.1	3.1	2.7	2.5	2.2	89
唐山铁路遗址	7.6	7.8	5.5	11.4	11	5.4	7.2	7.1	5.2	5	5.1	3.1	2.6	2.4	2	88.4
滦河铁桥	7.5	7.6	5.6	11.4	11.1	5.3	7.3	7.2	5.4	4.7	5.1	2.9	2.4	2	88	
华北制药厂	7.6	7.5	5.4	11.2	11.3	5.4	7.1	7.3	4.9	5.4	5.4	3	2.2	2.1	2.2	88
北京印钞厂	7.6	7.6	5.5	11.2	11	5.5	7.2	7.2	5.1	5.5	5.3	2.9	2.7	1.8	2	87.8
中国海军中央无线电台	7.4	7.6	5.6	11.1	11.2	5.6	7.2	7.2	5	5.5	5.3	2.9	2.1	1.9	2.1	87.7
京汉铁路	7.5	7.6	5.6	11.1	10.9	5.3	7.4	7.4	5.1	5.1	5.3	3	2.3	1.9	2.1	87.4
京师自来水公司东直门水厂	7.4	7.5	5.5	11	11	5.4	7.2	7.2	5.4	5.3	5	3	2.1	1.9	2	87.3
唐山磁厂	7.2	7.4	5.6	11	11	5.3	7	7.2	5.2	5.3	5.3	3	2.2	2	2.1	86.5
关内外铁路	7.4	7.5	5.5	11	10.9	5.2	7.2	7.3	5	5	5	2.9	2.2	1.8	2	85.9
秦皇岛港	7.6	7.4	5.3	10.7	10.8	2.1	7.1	7.2	5.1	5	5.1	3	2.1	1.8	1.9	85.2
大清邮政津局	7.5	7.3	5.4	10.8	10.7	5	6.7	7.2	5.1	5.1	4.8	2.8	2.1	1.7	1.9	84.1
正太铁路	7.3	7.4	5.3	10.8	10.8	5.1	7	7	4.8	4.9	4.9	2.9	2	1.8	2	84
井陉矿务局	7.3	7.3	5.4	10.6	10.9	5.1	6.7	7.1	5.1	5.2	4.8	2.9	2.1	1.7	1.8	84
津浦铁路	7.3	7.4	5.3	10.7	10.8	5	6.8	7	4.8	4.9	4.9	2.8	2	1.8	2	83.5
山海关桥梁厂	7.3	7.3	5.3	10.9	11	5	6.6	7.2	4.8	5.1	4.9	2.8	2	1.6	1.7	83.5
新中国面粉厂	7.1	7.1	5.4	10.5	10.8	5.2	6.7	7	4.8	5.2	5.1	2.8	1.9	1.8	1.8	83.2
比商天津电车电灯股份有限公司	7.2	7.3	5.2	10.9	11	4.9	6.7	7.2	4.7	5.1	4.8	2.9	1.9	1.5	1.7	83
开滦矿务局秦皇岛电厂	7.1	7.2	5.2	10.6	10.9	5	6.7	7	5.1	4.9	4.8	2.7	1.8	1.6	1.6	82.2

3.2 京津冀工业遗产文化创意资源价值评价

3.2.1 华北制药厂

华北制药厂所在地为河北省石家庄市长安区和平东路 217 号，始建于 1953 年，主要遗存为办公楼和淀粉塔。

1. 历史价值

自从 20 世纪 50 年代华北制药厂开业以来，石家庄的面貌发生了变化。直到今天，石家庄的人们看到制药厂的大门仍然感慨万千。它给这座城市留下了许多辉煌，给人们留下了一个时代的记忆。在 1953 年开始的第一个五年计划中，石家庄被确定为国家重点建设城市之一。1953 年 11 月，石家庄市人民政府正式同意在石家庄市东郊建厂。12 月中下旬，相关地质勘探队、地下水勘探队进驻石家庄。12 月 31 日，国家计委正式批准在石家庄建设一家抗生素厂、一家淀粉厂和一家玻璃厂，主要设备由苏联和民主德国提供，并派专家来华协助建设。① 亚洲最大的抗生素工厂开始在华北平原崛起，这就是后来的华北制药厂。当时国家为国药控股投资了 7000 多万元，可以说是无条件地支持了工厂建设。

历史上的华北制药厂

2. 科技价值

华北制药厂成功地培育出中国首个菌株，结束了中国抗生素生产依赖进

---

① 谢空，王雨萌. 唐山近代的工业发展历程与工业遗产保护利用 [J]. 邢台学院学报，2018（2）：99-101.

口菌株的历史。青霉素曾经比黄金还贵，现在惠及普通大众，这多亏了华北制药厂。

华北制药厂彻底结束了中国依赖进口青霉素的历史，是新中国医药工业的摇篮，被称为中国"医药长子"。"一五"期间，全国安排了694个大中型建设项目，其中医药行业占抗生素厂、淀粉厂、药用玻璃厂和磺胺厂4个。华北制药厂是4个项目中的3个，分别是从苏联进口的抗生素厂、淀粉厂和从前民主德国进口的药用玻璃厂。[①]华北制药厂从1955年至1956年开始筹建3个项目，1958年全部建成投产。3个项目总投资7588.3万元，抗生素年生产和设计能力82.5吨。1956年冬，76米高的淀粉厂机械化升降塔建成，成为石家庄最重要的标志性建筑之一，也是当时石家庄最高的建筑。在20世纪50年代早期，很难建造20层以上的大楼。经过中国建筑的建设者和苏联的专家反复论证，最终采用了一种新的施工方法，就是钢制活动模板升模法，这是当时中国的首创技术。

3. 社会文化价值

1949年，由于西方国家的禁运，一瓶20万单位的青霉素，虽然重0.12克，却价值0.9克黄金。1951年，上海第三制药厂建成，年生产青霉素几十千克，但还远远不能满足国家的需要。特别是在抗美援朝战争中，许多志愿军战士因伤口溃烂而死于细菌感染。如果给伤员注射足够的青霉素，许多人就能避免牺牲。1958年6月3日，华北制药厂第一批青霉素正式下线，很快青霉素便降价并普及。没过多久，比黄金贵好几倍的青霉素价格就跌到了几美分一桶。1958年年底，第一株青霉素菌株的成功开发，打破了苏联专家的技术垄断，结束了用飞机从苏联空运孢子的历史。从此，中国告别了严重依赖青霉素进口的尴尬局面。在华北制药厂筹建、生产期间，周恩来、朱德、邓小平等20多位中央领导来厂视察，对工人素质、生产发展、产品质量等进行指导。华北制药厂培育了中国第一代抗生素生产骨干。因此，研究中国医药工业的历史，就不能不提到华北制药厂。

---

① 蔡蓉蓉，徐子琳，潘鸿雷. 南京工业遗产旅游资源开发研究[J]. 科技经济市场，2012（7）：53-56.

华北制药厂俄式办公楼

4. 审美价值

华北制药厂工业遗迹包括俄式办公楼、72 米高的淀粉塔。华北制药厂办公楼是石家庄最大、保存最完好、最具代表性的俄式办公楼，所有门窗的设计都体现了典型的俄罗斯建筑风格，建筑设计的造型和细部构造具有较高的审美和欣赏价值。72 米高的淀粉塔曾是石家庄市乃至河北省最高的现代建筑，采用升模法建造。与塔后的 24 个圆筒仓一起，承担了玉米的储存和加工，总

华北制药厂 72 米高淀粉塔

储存能力超过 2 万吨。玉米在工作塔内经净化、除尘、计量后，加工成淀粉，淀粉成为葡萄糖的主要原料，并生产出当时著名的华药"五大素"。20 世纪 90 年代，该塔满负荷运转，在高峰时期每天破碎约 400 吨玉米。

5. 经济学价值

华北制药厂给石家庄市带来了明显的产业集聚效应。长期以来，医药行业一直是石家庄市的主导产业，在经济社会发展中占有重要地位。国药原料药生产基地的性质，也使石家庄在中国医药行业处于绝对领先地位。历史上，石家庄第一制药厂、第二制药厂、第三制药厂、第四制药厂、第五制药厂等若干本地制药企业，都与华药有很深的渊源，其中的部分企业后来成了以"做好药，为中国"为口号的本地另一家特大型制药企业——石家庄制药集团的组成部分。

3.2.2 开滦煤矿

开滦煤矿所在地为河北省唐山市，始建于 1878 年。主要遗存有：唐山矿一号井、二号井、三号井；近代煤矿最早的火力发电机组；唐山矿达道；部分矿用建筑、设备；中央电厂汽机间；马家沟砖厂建筑砖车间；赵各庄矿洋房；档案；中国现存最早的股票（1881 年）。入选理由：开创了许多个中国或

开滦集团

行业第一，为中国煤炭工业和民族工业的发展奠定了基础，是中国近代民族工业的先行者；中国最早的近代大型机械化采煤煤矿；亚洲第一、世界第二洗煤厂；中国第一条准轨铁路、第一台蒸汽机车；中国北方最早的产业工人队伍；"特别能战斗精神"；中国第一个采用倒焰式窑炉烧成技术的耐火材料生产企业（马家沟砖厂）①。

1. 历史价值

由于开滦煤矿重要的地位，特别是在中国现代历史上煤矿企业和相对完整的原始档案保存，自20世纪以来，对开滦煤矿的研究一直是近现代史、企业史、工业史和经济史的热点领域。其中，近代史和企业史视角下对开滦煤矿的研究，主要包括开滦煤矿自身建立和发展的演变过程及其的影响。工业遗产的历史价值标准是年代和历史重要性。首先，年代越早，越有可能提高遗产的价值。其次，工业遗产与一些历史元素之间的关联。由此可以看出，开滦煤矿的历史价值主要体现在悠久的历史及其在历史发展过程，不仅涉及许多国内外不同行业的重要历史人物，还涉及当时发生的重大政治和经济事件。

1878年，直隶总督李鸿章任命上海轮船招商局总办唐廷枢设开平矿务局。1900年，矿务局被英商骗占，成立开平矿务有限公司。1908年，北洋滦州官矿有限公司正式成立。1912年，两公司合并为开滦矿务总局。

京山（北京—山海关）铁路贯穿开滦矿区，各矿山还有支线公路，交通便利。新中国成立前，开滦煤矿的总部设在天津。其股票当时在天津证券交易所上市，是热门股之一，深受投资者的欢迎。1941年太平洋战争爆发后，开滦煤矿被日军占领。1945年日本投降后，南京的国民政府接管了它，并归还给英商。1949年，开滦煤矿收归国有。人民政府一方面对老的林西、赵各庄矿进行了恢复改造，另一方面又陆续新建了范各庄、荆各庄矿等新矿。范各庄矿是中华人民共和国成立后中国设计的第一个年产180万吨的矿山。此外，还建设6个洗煤厂。开滦矿区机械化采煤程度高，水力采煤技术已达到世界先进水平。公司向国外出口精煤，并向上海、南京、天津等主要城市供

---

① 澎湃新闻.中国工业遗产保护名录第一批名单公布［EB/OL］.https://www.thepaper.cn/newsDetail_forward_1971863，2018-01-27.

应工业用煤。①

2. 科技价值

开滦煤矿工业遗产的科技价值标准是工业设备与技术和建筑设计与施工技术。首先，遗产在产业发展中的地位是创新的，而且是重要的。其次，建筑设计、建筑材料的使用、建筑结构和建筑技术本身在工业遗产中也是重要的。煤炭生产工艺与设备的价值载体可分为三类：一是非物质遗产，如1921年林西煤矿使用的洗煤技术；二是在中国近代煤炭史上占有重要地位但已不复存在的生产设备；三是现有的生产设备。由于开滦煤矿自身的特点，世界上现有的洗选技术已不能满足其要求，致使开滦煤矿寻求最优解决方案。

开滦现有专有技术包括聚萘二甲酸乙二醇酯合成技术、煤化工废水分级处理及零排放技术、二酸尾气中 NO_x 处理技术、工程塑料改性相关技术、受控定向钻孔施工技术、冻结法凿井关键技术与工艺等。根据矿业总工程师1920年的年度报告，开滦煤矿创造了一套满足自身需求的选煤机。当时负责建设洗煤厂的负责人在他的洗煤厂报告中提道："如果我们能在整合所有涉及的机器的同时解决这些问题，我们的洗煤厂将会成为世界煤炭行业的一个典范！"随着科学技术的发展，它的价值载体不复存在，但这项技术的价值是毋庸置疑的。开滦煤矿各环节生产设备是其科技价值的重要载体，唐山一号井已经运营了130多年，井架虽然不再是原来的木质结构，但井的位置没有改变，一号井仍在生产中。马家沟矿在1976年的唐山地震中受损，震后井架恢复为钢结构，保存完好。它们的存在不仅见证了开滦煤矿的发展历史，也见证了西方采煤技术早期传入中国的基本情况。社会福利设施主要是开滦医院，它是唐山第一家医院、第一家引进一系列世界先进医疗设备的西医医院。总矿师在1925至1926年的年度报告中写道："唐山的医院可与欧洲大型企业的附属医院相媲美。"②

---

① 曹翠芬. 关于武汉工业遗产保护与利用的思考[J]. 党政干部论坛，2017（9）：18-20.
② 徐苏斌，等. 开滦煤矿工业遗产群研究及其价值认定的探讨[J]. 新建筑，2016（3）：10-13.

开滦洗油

  建筑结构、材料、施工技术、规划设计等先进重要环节涉及价值载体，如铁路相关遗存、煤河遗存、住宅建设，其中铁路线路部分尚存，诸如唐胥铁路线路、开马铁路线路。唐胥铁路和开马铁路线路均采用国际标准轨距施工。唐胥铁路是我国第一条标准轨距铁路，是中国近代煤炭史和铁路史上不可磨灭的印记，也是中国现代化进程中最早出现的机械化煤炭运输通道。开马铁路在马家沟煤炭运输中起着重要作用，见证了马家沟煤矿的兴衰。这两条铁路经过多次维修，仍在使用，状况良好。为建设铁路线，沿线修建了一系列铁路桥，现有双桥里东大桥、古冶段自备铁路桥、滦河铁路桥。

  科学技术价值最突出的是滦河铁路大桥，经过外国技术人员多次施工失败之后，詹天佑完成了大桥的建设。一个多世纪以来，滦河铁路大桥见证了中国铁路建设的历史，也见证着中国技术人员铁路桥梁施工技术。此外，古冶段自备铁路桥为钢梁结构，轨道铺设在钢枕上。值得注意的是，该桥使用的钢材是山海关桥梁厂生产的，这是中国采用国产钢材建设的历史证明。

  双桥里东大桥是我国至今仍在使用的最早的铁路、公路立交桥。唐山南站设有35条专线和3条铁路专用线，承接繁忙的货运业务。它是唐胥铁路的第一个车站起点，也是中国铁路历史上的第一个车站。与唐胥铁路一起，见证了中国铁路建设和运输管理技术的发展。房屋建筑主要有赵各庄9号、10号洋房，汉斯别墅，这些建筑的材料，大如钢管、水泥和木材，小如玻璃和钉子，乃至窗帘，都是从国外运来的，并聘请外国建筑师设计。它们是西方住宅建筑技术在中国应用的历史证据。

3. 社会文化价值

社会文化价值包括文化与情感认同、精神动力和促进当地社会发展等方面。一是指工业遗产与某些地方、地区、民族或企业自身的身份认同、归属感、情感联系、集体记忆等，或与其他某种精神或信仰有关；二是工业遗产对当地经济发展的促进作用及其与居民生活的相关性。开滦煤矿的社会文化价值主要体现在技术史的辐射影响上。开滦博物馆是开滦集团旗下的国有博物馆，位于有140多年历史、"中国最好矿山"之称的唐山矿区，是开滦国家矿山公园的标志性建筑，占地面积1.5万平方米，建筑面积7400多平方米。该工程于2007年年底开工，2008年10月竣工并对外开放，现已成为开滦集团的标志性景观，成为唐山一张亮丽的名片。开滦博物馆被唐山市委、市政府列为中华人民共和国成立60周年献礼项目，取得了良好的社会效益。

"为文明聚能，让才智闪光"，铭刻着开滦人的崇高使命与社会责任。"为文明聚能"，既包括提供煤炭等物质能源，也包括为社会创造具有开滦特色的精神文化。"让才智闪光"，就是坚持以人为本，在企业营造一种尊重知识、尊重劳动、尊重人才的浓厚氛围，让每个员工的潜能都能得到尽情释放，不断增强员工的成就感、价值感。①

4. 审美价值

开滦煤矿博物馆作为河北省首家企业博物馆，实现了建筑与内容的有机结合。开滦博物馆的内容和形式高度统一，无论是在建筑上还是在布展上都体现出大气、古朴、奔放的风格。从建筑外观上，既吸收了开滦矿务总局建筑的元素，又融入了开滦绞车房的建筑风格。它不仅注重稳定优雅的整体特征，更注重细节的简约特性。这些元素符号的使用，赋予了博物馆煤炭工业的新特征。

从空间布局上看，中央美术学院原副院长侯一民教授设计制作的雕塑

---

① 豆丁网. 开滦企业文化［EB/OL］. https://www.docin.com/p-1115551106.html，2018-01-27.

《世纪追梦》巍然耸立在博物馆前。雕塑默默诉说着开滦工人追求强国富民、民族复兴的世纪梦想，也彰显了开滦工人"特别能战斗"的精神，揭示了纪念馆的主题。序厅主题雕像——《矿魂》，共雕塑了79个人物，反映了开滦工人坚定追求梦想的决心。

开滦煤矿博物馆

开滦博物馆展览分为五个部分。第一部分"煤的史话"，反映了煤的产生、演变和煤田勘探、开采的知识。第二部分"洋务运动与中国近代煤炭工业兴起"，反映了洋务运动与中国近代煤炭工业的兴起及其艰难曲折的过程。第三部分"一座煤矿托举起两座城市"，反映了唐山以矿兴市和秦皇岛以矿建港的历史。第四部分"他们特别能战斗"，反映了开滦工人在不同历史时期所表现出来的"特别能战斗"的精神。第五部分"百年基业长青"，体现开滦集团自改革开放以来取得的辉煌成就。展出的展品有600多件，分为早期工业、革命历史、地质化石等类别。馆内还陈列了中国现存最早的"开平矿务局一期股票"、1661册"羊皮蒙面大账本"等珍贵的"镇馆之宝"，它们记录了开滦煤矿100多年的经营细节。展览集雕塑、泥人彩塑、绘画等艺术手段于一体,适当使用图片、文字、实物、电子图表、场景恢复和多媒体方法,如多媒体景观——"森林与海洋的曼舞",向游客讲述煤的由来与生成,又如古代采煤幻影成像情景剧,生动再现了明清时期的采煤景象。

开滦煤矿博物馆《黑色长河》

5. 经济学价值

开滦集团位于渤海经济区的腹地,毗邻北京、天津,在唐山京唐港区、曹妃甸港区码头有煤化工产业园区,产品销售达到华东、华南市场,远销海外。开滦集团前身为开滦矿务局,于1999年年底改制为开滦(集团)有限责任公司。

目前,开滦集团已经发展成为煤炭生产、洗选加工、煤化工、现代物流、采矿工程服务、金融服务、文化旅游、装备制造、建筑和其他多种经营的大型企业集团。集团下属直属分支机构38家,全资控股子公司145家,其中能源化工上市公司1家。截至2019年12月底,总资产855亿元,工人5.83万人。近年来,开滦集团紧密围绕新发展观,树立超前思维,科学分析形势,积极应对市场变化,不断调整发展战略,促进结构调整和经济转型,企业规模和经济效益日益提高,品牌影响力和市场竞争力日益增强。

2019年，企业经济运行质量稳步提升，生产商品煤199.2万吨。营业收入829亿元，同比增长9%。利润总额为10亿元，比上年增长24.89%。①转型发展取得新成果，"三柱一新"产业格局日益完善。改革深入推进，企业发展活力增强。企业党建工作全面加强，抓方向、管大局，落实能力进一步增强。近年来，开滦集团先后荣获"中国煤炭企业百强""全国职工职业道德建设标兵单位""全国先进基层党组织""全国企业文化示范基地""全国煤炭系统思想政治工作先进单位"等荣誉称号。

3.2.3 首都钢铁公司

首都钢铁公司，现为首钢工业遗址公园，始建于1919年，所在地是北京市的石景山区。

1. 历史价值

在新中国成立前的30年里，首钢经历了军阀战争、日本侵华和国民党政府的腐败。在此期间，项目建设缓慢，生产多次陷入停顿。30年生铁累计产量仅28.6万吨，还不到首钢半个月的产量。30年沧桑的历史，反映了半殖民地半封建社会中国企业的悲惨处境。1919年9月，段祺瑞政府在北京石景山东麓建立了龙烟铁矿公司石景山精炼厂，并修建了一座日产250吨的高炉。1937年"七七事变"后，日军占领了石景山炼铁厂，并将其更名为"石景山炼铁厂"。1945年8月日本投降，由国民党接管后，于1946年更名为石景山钢铁厂。到1948年，经过三年多的时间，只有部分恢复生产，产量非常小。

1948年12月，中国人民解放军解放了石景山钢铁厂，简称"石钢"，石钢成为北京第一家国有钢铁企业。新中国成立后石钢获得了新生，石钢工人发扬主人翁精神，书写了一段艰苦创业的文化历史。新中国成立初，石钢高炉不冒烟，现场杂草丛生。石钢老一代员工只用了半年时间就使高炉重新燃烧起来，迅速掀起了恢复生产的劳动高潮。1958年9月，工人们辛勤劳作14天，完成了3吨侧吹小型转炉的建设，结束了石钢"有铁无钢"的历史。1961年5月，年产30万吨小型材轧钢生产线建成，标志着石钢轧钢事业的起

---

① 徐扬.唐山近代城市建设历史研究[D].北京：北方工业大学，2018.

步。1964年12月，中国第一台氧气顶吹转炉在石钢诞生，开启了中国转炉炼钢的新篇章。1965年，石钢的喷煤粉、高炉焦炭比、高炉利用系数等高炉经济技术指标达到了世界先进水平。1967年9月，经冶金工业部批准，石钢更名为"首钢公司"，简称首钢。党的十一届三中全会以后，首钢迎来了改革迅猛发展的新时期。1979年，首钢作为国家确定的首批试点单位，率先实行了合同制度，坚持对工厂的严格管理，执行三个"百分之百"，即必须百分之百地执行各项规章制度；凡违反规章制度的，必须百分之百登记上报；不管是否造成损失，对违制者要百分之百扣除当月全部奖金。

严格遵守规章制度，在"五种精神、六种作风"的引领下，首钢取得了快速发展，走在了全国前列。敢于突破，敢于坚持，努力工作，有效地促进了首钢的自我转变，加快发展的步伐。1979年12月15日，首钢2号高炉建成投产，成为我国最先进的高炉。

百年首钢

首都钢铁集团是中国最重要的钢铁集团之一，经过多年的发展，集团从一个中等规模、生产单一的钢铁企业，逐步发展成拥有200多家国内企业、多个商业网点、运输能力160万吨的跨行业、跨地区、超大型企业集团。首钢3号高炉于1992年7月开工建设，1993年6月建成并投入使用。2010年12月19日，第3号高炉完成了最后一批钢的生产，结束了其历史使命，总产量达8000万吨。

2. 科技价值

首钢3号高炉是首钢第一个由员工自行设计、建造、施工的高炉。在设计中，采用了许多先进的技术，克服了许多技术问题。高炉设计采用了带式进料、新型无钟炉顶、环形排铁场、软水密闭循环冷却、干气袋除尘、大型顶燃热风炉、新型计算机控制系统和监控技术。其中，三罐三系列多通道喷煤技术、人工智能高炉冶炼系统等都是当时国内最先进的炼铁技术。[①]

首钢瞄准世界一流，提升钢铁行业"制造+服务"的综合竞争力。首钢已成为国家创新型试点企业和技术创新示范企业，拥有汽车板、电工钢、锡板等十大高端产品系列。硅钢是世界第一梯队，国内汽车板块市场占有率居第二位。钢材产品以"超凡的强度、海洋的深度、现代的速度、服务的热度、安全的力度"遍布整个领域，高速铁路、高桥船舶、水电、核电、火箭航天器等重大项目成为首钢标志。

3. 社会文化价值

首钢关注环境保护，推行清洁生产和清洁管理，走新型工业化道路，大力实施可持续发展战略。围绕市场需求，大力开展新产品研发，形成首钢拳头产品、名优产品。积极塑造诚实守信、文明健康的员工形象，从员工的着装、语言等具体事情上严格要求，注重员工的职业道德建设，不断提高员工的综合素质。

工业遗产的社会价值之一体现在工业遗产与人们生活的特殊关系上。首钢3号高炉从1993年投产到2010年全部停产，使用年限17年。17年来，首钢工人与3号高炉标志性生产设备密不可分，与高炉有关的东西占据了他们17年的生活。高炉对工人产生了深远的影响。首钢许多老一代工人见证了3号高炉建设、生产、维修、停产的全过程。对于这些工人来说，3号高炉承载

---

① 杨思然. 首钢三号高炉工业遗产的评价研究[D]. 西安：西安建筑科技大学，2014.

着他们的生产和生活，是一种无法抹去的情感依恋。

4. 审美价值

首钢工业遗产公园位于石景山永定河的第一个大型湖泊——莲石湖。建成蓄水后，过去的黄沙景象不复存在，这是北京市启动永定河绿色生态廊道建设的第一个建成湖泊。莲石湖建成后，石景山区将根据永定河的自然流量由北向南划分为三个区域，建设三个主题公园。中段为首钢片区，建设总面积70公顷的首钢滨水区公园——首钢工业遗址公园。2018年1月27日，首批《中国工业遗产保护名录》公布，首钢工业遗产园入选。首钢3号高炉不是一个简单的工厂建筑，而是一个设备和建筑的复杂组合体，有很高的审美价值。

首钢3号高炉

5. 经济学价值

首钢集团投资建设的北京石景山钢铁生产厂区，是北京最大的传统重工业区。首钢工业区对北京的城市和经济发展有着深远的影响，并与北京的工业发展密切相关。首钢是中国最早的现代化钢铁企业之一，厂区占地面积7

万平方千米。首钢的工业发展主要经历了北洋日伪时期、新中国成立初期和改革开放时期三个阶段，这三个阶段涵盖了北京工业发展的不同历史时期。

首钢历史的第一阶段是1919至1948年。1919年3月，北洋政府成立了一个龙烟铁矿有限公司，选择石景山东面为炼铁厂地址，名为"龙烟铁矿股份有限公司石景山炼厂"，日产250吨生产能力。1937年，工厂被日本占领，改名为"石景山制铁厂"。日本投降后被国民政府接收，到新中国成立前夕，共生产了286200吨铁。第二阶段是1949至1977年，新中国成立后首钢获得了新生，逐渐成为北京最重要的钢铁企业。第三阶段是1978到2010年，首钢在改革开放中继续发展，并推动北京的城市、经济和工业发展进入了一个新阶段。2010年首钢石景山工厂停产后，首钢完成了中国规模最大的工业搬迁，首钢石景山工业区得到完整保护，成为北京规模最大、最完整的工业遗产区。首钢是北京工业发展的起点，是北京钢铁工业发展的最重要组成部分，见证了北京工业发展的历程。

中国工业经历了几十年的发展，主要经历了新中国成立初期、新中国成立中期、改革开放三大阶段。新中国成立初期，由于历史原因，中国工业发展缓慢，没有取得实质性进展。在新中国成立中期，中国的工业开始步入发

首钢工业遗址公园

展轨道,生产规模逐步扩大,有了较大的发展。改革开放后,中国的工业发生了巨大的变化,包括结构和规模的变化,进入了一个新的历史时期。首钢在北京工业中的重要地位和北京对全国的首都地位,使其在国家工业发展过程中一直备受关注。党的十八届三中全会后,首钢进入了全面深化改革、加快转型发展的关键时期。首钢将坚持改革创新,推动转型发展,创造新的辉煌,为打造具有世界影响力的综合性大型企业集团而努力奋斗。首钢在区域产业结构调整和生态环境建设中发挥更大作用,成为实施京津冀协同发展战略的平台和纽带,成为解决首都人口、资源、环境矛盾的示范区。

3.2.4 唐山铁路遗址

唐山铁路遗址,现为中国铁路源头博物馆,所在地是河北省唐山市,始建于1881年。

1. 历史价值

唐胥铁路建于1881年,全长约9千米,开平矿务局出资建设。唐山南站(唐山站的旧址)建于1882年。位于开滦煤矿一号井东侧。1886年,开平铁路公司经李鸿章批准设立,并管辖唐胥铁路,从而开创了国内铁路自主运营的先河。

1881年的唐胥铁路

2. 美学价值

1907年，唐山南站路面塌陷，影响了乘客的安全。因此，该站向西移动了1千米到今唐山南站的位置。1976年，唐山南站原有的两层站楼等建筑全部被毁，只剩下天桥、钢结构风雨棚、水塔等铁路设施。天桥建于1922年，钢筋混凝土结构，带有木制桥面。水塔建于1939年，至今仍被用作供水设施。1983年，唐山南站虽进行了改建，但其定位已不能满足新建城区的要求。1996年彻底改造为货物运输站，将候车室改造为仓库，至今仍在使用，现为一级车站。开滦煤矿的发展与唐胥铁路的建设相互作用、相互促进。

唐山站旧址上的天桥

3. 科技价值

唐胥铁路是中国第一条用西方标准轨距（1.435米）自建的铁路。主要支持开滦煤炭运输流通，日运煤炭可达300吨。2018年3月，中国铁路源头博物馆在唐山开滦国家矿山公园正式揭牌。中国铁路源头博物馆是2014年国家发改委批准的第二批红色旅游经典景区"开滦蒸汽机车观光园"的核心部分。博物馆的揭幕也意味着开滦蒸汽机车观光公园正式开放。

4. 社会和文化价值

中国铁路源头博物馆占地面积约 2000 平方米,展览面积 3000 多平方米。博物馆分为"洋务运动""铁路发端""铁路之根""铁路为要""万国机车""铁路之殇""铁路之兴""中国制造"八部分,以翔实的历史资料,阐释了唐胥铁路作为中国铁路源头的史实,展示了以唐胥铁路为起点的中国铁路和机车发展的历程。[①]

5. 经济学价值

中国铁路源头博物馆致力于保护文物收藏,致力于文化传播和宣传,汇聚了更多的收藏家和文物爱好者,让博物馆的爱国主义教育更有活力。

越来越多的藏家将铁路源头博物馆作为自己的家,使其成为文物回归的最佳场所,让更多的游客增长知识,增强对家乡和祖国的热爱,激发爱国主义情感。

中国铁路源头博物馆

---

① 张慧.文创视角下的东郊记忆工业遗产旅游开发研究[D].成都:成都理工大学,2017.

3.2.5 京张铁路

京张铁路始建于1905年，所在地为北京市和河北省的张家口市。

1. 历史价值

19世纪末，张家口的经济和军事地位举足轻重。鉴于此，英国和俄罗斯觊觎修筑京张铁路的权利。然而，清政府最终决定自己修建这条铁路，袁世凯推荐詹天佑担任京张铁路的总工程师。这条铁路于1905年动工，花了4年时间才完工。从北京丰台出发，经八达岭、居庸关、下花园、宣化等地到达张家口。它是中国人设计和建造的第一条铁路干线，现在是京包铁路的一部分。目前，京张铁路及其附属设施在经过加固和改进后，大部分仍在使用，下花园火车站、宣化火车站等站台上的一些老站房仍在使用。

京张铁路

下花园站建于1908年，当京张铁路修建时，已采用蒸汽火车运行，燃料来自附近的鸡鸣驿煤矿。该站初建时，有2条正线、18条站线、6条专线、

2条特别用线。车站位于张家口市下花园区光明路与东河路交会处。办公室和小水塔改造后仍在使用。水塔已被废弃,但主体完好保存。宣化府站建于1909年,位于张家口市宣化区车站西街。老车站经过粉刷后,现在用作车站办公室。"宣化府车站"的字样刻在了车站的外墙上。宣化站现在是一个二等站,东西长3264米,候车室面积702平方米,行李房面积419平方米,客运道路桥长65米、宽6.5米。京张铁路是中国近代史、中国铁路发展史的重要见证。京张铁路总工程师詹天佑是中国铁路发展史上的杰出代表人物。

2. 科技价值

京张铁路是我国第一条自行设计、自建的铁路,具有很高的技术价值。如青龙桥段采用"之"字形展线,并结合用33.33‰的坡度。采用马莱(Mallet)复式机车,减少了机车自重,节省了路径长度。八达岭隧道采用中间竖井法开凿,加速成峒的速度。

京张铁路青龙桥站

3. 审美价值

京张铁路的技术突破和艺术成就是杰出代表,铁路的建筑艺术直接体现在这些车站、桥梁、隧道等建筑物的建筑遗存上。

京张铁路的青龙桥车站就位于"之"字形线路的中段。现在的青龙桥火车站基本保留着100年前的原貌，老候车室等主要建筑还带有20世纪的西洋风格。候车室分有男宾、女宾相对独立的空间，车站后部保存有站长室、贵宾室等建筑，院内还留存有一段京张铁路的原始铁轨以及人工扳动的道岔。①

4. 社会和文化价值

京张铁路穿越稻田、林地和河流，连接不同的自然环境，也影响和塑造了所经过的地区。京张铁路是中国人自己修建的第一条干线铁路，它是民族精神的象征，是中国工业文明的代表，是技术创新的起点，也是北京城市的记忆。京张铁路至今已有百年历史，具有很高的文物价值和爱国主义教育意义。2013年3月南口段至八达岭段列入国务院公布第七批全国重点文物保护单位。随着北京张家口冬奥会的申办成功，新的京张铁路将开工建设。按照现行方案，北京城区五环至三环线路将转入地下，原有京张铁路地面线路将被废弃。鉴于京张铁路特殊的历史地位，一些铁路科技专家和学者、人大代表等建议保留京张铁路的历史风貌，建设反映工业文明的铁路遗址公园，形成贯穿海淀南北的铁路绿化带，为北至清华，南至财大、北京交大各高校提供良好的休闲空间和爱国主义教育基地。2019年，京张铁路遗址公园五道口启动区亮相。北京八达岭长城2020年开展青龙桥火车站旅游项目，利用文物资源建设红色教育基地、铁路文化展示基地和生态文化体验基地。

5. 经济学价值

在旅游和社会价值方面，京张铁路最初是为了促进边境内外的贸易。现在，京张铁路已成为加快地区间贸易的最佳途径。同时，铁路旅客还可以欣赏沿途的自然风光。此外，成功申办2022年第24届冬奥会，必将给该铁路带来更大的社会效益和经济效益，期待京张铁路焕发新的光彩，期待后奥运经济时代京张铁路的腾飞。

---

① 冯云琴. 工业化与城市化[M]. 天津：天津古籍出版社，2010.

3.2.6 滦河铁桥

滦河铁桥所在地是河北省滦县滦州镇老站村东北的滦河主河道上，始建于 1892 年。

1. 历史价值

1877 年，为了供给北洋海军、轮船招商局、天津机械局等军工企业所需的原煤，李鸿章任命唐廷枢成立开平矿务局。1878 年，唐廷枢在唐山开了第一个矿井。为了运输煤炭，建造了中国第一条标准铁路——唐胥铁路。1886 年，"开平铁路公司"成立，收购唐胥铁路，独立运营。第二年，这条铁路延伸到了芦台。1889 年，铁路从唐山向东往山海关开始修建，1892 年开建滦河铁桥，1894 年 5 月建成。滦河铁桥是中国第一座跨河铁路桥，也是唐山—山海关铁路线上的标志性建筑物。

2. 科技价值

詹天佑在铁桥上有 4 个创新：第一，这座桥基从山口南移，水冲力大大减少，虽然桥的设计长度加长了，但打桩、立柱、运料、行船却得以进行。第二，把俄国人修建大连军港时留下的特大长松木，将其左右两侧锯成又直又平的光面，长松木排成圆形，缝隙密不透水，这样，成功地淘净墩基，顺利立墩。第三，桥墩的浇筑需要从海外购买水泥，这是非常昂贵的。詹天佑采用了附近武山榆山盛产的"桩子石"和"台阶石"，让石匠师傅精心制作，接缝完美，尺寸均匀，大大节省了资金。第四，解决石墩之间的粘结材料问题，否则在洪水或严冬结冰时，桥墩会垮塌。詹天佑特意邀请了附近一位从事水下工作的"御匠"，询问如何在水下建造岩石和粘合泥浆，几经波折，得到了秘诀，最终使 18 座巨大的桥墩屹立不倒，至今不松不裂。

3. 社会和文化价值

1892 年滦河铁桥开工建设时，许多国家想要抓住这一商机。随着英国、日本和德国专家设计建造方案的失败和建桥工期最后期限的临近，金达不得不求助于詹天佑。詹天佑详细分析了前者失败的原因，在对河床地质条件缜密考察的基础上，改变了原来的设计桥位，即把桥墩改建在西岸横山与东岸武山山脚的岩床上，虽然桥的长度加大，但水流缓了下来。采用"空气沉箱法"下桩抛料,最终建成该桥。1894年,詹天佑当选为英国工程学会会员。

4. 审美价值

滦河铁桥西桥台南北两侧均刻有太极图,俗称"阴阳鱼图",每幅直径约1米。此外,在东桥的南北两侧和钢框架梁的东西两端,共有4个龙饰。东桥上的"龙飞云"石刻完好无损。整座石雕长8.5米、高1.2米。龙头面朝东,直抵龙珠,四爪跃起,栩栩如生。在钢架梁上的"二龙戏球"是一个铜铸构件,龙身飞舞,体态生动。

滦河铁桥

5. 经济学价值

滦河铁桥是唐山至秦皇岛的交通要道,为两地乃至天津、北京的客货运输提供了便利。它在建设之初除了军事用途外,建成后对开滦煤矿的煤炭运输起到了重要作用。1976年唐山大地震时,虽然大铁桥双线铁路桥梁和双线公路桥梁严重受损,但滦河铁桥梁却经受住了地震的考验,只需通过简单的修复便可以通车,为大量救援物资运到唐山提供了便利条件。1998年,滦河铁桥被确定为唐山市文物保护单位,2001年被确定为河北省第四批文物保护单位,2013年被国务院确定为第七批国家保护单位。作为中国第一座大型铁路桥，它见证了中国近代工业的发展历程，是一份难得的近代工业遗产。

3.2.7 天津金汤桥

天津金汤桥所在地为天津市建国道西端与水阁大街之间的海河，始建于1906年。

1. 历史价值

连接水阁大街建国路的金汤桥始建于1906年，是一座由津海关道和奥、意租界领事署及比商天津电车电灯公司合资改建的三跨平转式开启的钢结构桥梁。在天津，金汤大桥是天津解放的象征。1949年1月15日凌晨，在平津战役中，多路进攻的解放军战士在金汤桥会师，解放了天津。因此，这座桥被天津人民亲切地称为"会师桥"。1949年1月初，前线总指挥刘亚楼部署了"东西对进，拦腰切断，先南后北，先割后围，各个击破"的作战方针，其中"东西对进"的会师地点就是以金汤桥为中心的海河上下游地区。1949年1月14日解放天津的战役打响。15日凌晨，东西对进的解放军在金汤桥成功会师。此次会师，成为歼灭国民党守军的关键。同日，天津解放，促进了北平（今北京）的和平解放。

2. 科技价值

金汤桥，桥名"金汤"，取"固若金汤"之意。该桥是天津现存最早的大型铁桥之一，全长76.4米，总宽10.5米，面积8022平方米。建于1906年，比解放桥早约20年。金汤桥原本是一座浮梁舟桥，由13艘木船相连而成，桥面铺有可移动的木板。初名盐官浮桥，俗称东浮桥。清雍正八年（1730年）由青州分司孟周衍详请盐院郑禅宝营造，故又称孟公桥。1906年10月，因铺设从东浮桥至东站有轨电车路轨，改建为永久性的钢梁铁桥，存留至今。原先是用电力启动的开合桥，但在1970年第二次大修时，开启设备被拆除。2005年，金汤桥再次重修，恢复了开启功能。

3. 社会和文化价值

1984年5月13日，占地约60平方米的解放天津会师纪念碑在金汤桥旁落成，会师纪念碑矗立在会师公园，里面有雕像、坦克、大炮等。此外，有关部门为加强爱国主义和革命英雄主义教育，在爱国主义教育基地的东南角落设置了一个小标志。1994年6月，金汤桥被天津市委、市政府命名为"爱国主义教育基地"。2003年，保护修复金汤桥，考虑整体效果和实践意义，金汤桥作为天津解放的象征已经众所周知，所以碑被拆除了。金汤桥，将永远是人们缅怀解放天津的英雄们的地方。

4. 美学价值

为了增强金汤桥的观赏性和娱乐性，在金汤桥修复后，设计师在桥的周围和水面上安装了喷泉和灯光，以现代的方式赋予了老桥新的生机和活力。桥体设计安装有立体照明，玻璃引桥和桥体的照明与主园采用的多光处理相统一，这些彩灯散落在楼梯、桥面和观光平台上。安装在主桥上的喷泉能喷射出水墙的效果，桥下的河里还安装了几十个喷泉头。喷泉开始喷水时，水柱的高度至少为25米。喷泉的对面有10盏射灯，灯柱上有彩色泛光灯，桥的两边有多个烟花。喷泉喷射时，聚光灯照亮了水幕墙和水柱，焰火从桥的两侧燃放。桥的东西两侧设有控制室，对桥上的灯光、音乐、喷泉、烟花等夜景进行控制。夜景工程装修后，金汤桥成为一座将烟花、灯光、喷泉和音乐结合在一起的桥梁。

5. 经济学价值

2005年在海河开发改造工程中，经研究确定，在金汤桥原设计修复的基础上，进行了加固和翻新，完全恢复了原有的开启功能，提高了通航标准。改造后的金汤桥仅允许行人步行通过，不许车辆通行。这样，金汤桥的功能在某种意义上发生了很大的变化。从最早的浮桥到钢桥，主要是连接海河两岸的交通；而现在，在原有钢桥的基础上辅以声、光、电、水的特色，成为观光游览和纪念天津解放的步行桥。

3.2.8 启新水泥公司

启新水泥公司（现为中国水泥工业博物馆）所在地为河北省唐山市，始建于1889年，主要遗存有1910年至1940年间的4-8#窑厂房建筑及主要设备、1933年老发电厂房及4台发电机组、1908年建设的木结构火车装运栈台、启新修机厂、启新浴室、档案、奖牌、保险柜等。

1. 历史价值

启新水泥是中国第一家水泥厂,已有 100 多年的历史。它是中国第一桶水泥(旧时以桶计量)的生产地,也是中国近代最大的水泥企业。其前身是唐山细棉土厂,后更名为启新洋灰股份有限公司,今被冀东水泥集团收购,更名为冀东水泥集团启新水泥有限公司。

洋务运动后期,随着工矿企业的开办和军事工程的建设,水泥需求量日益增加。然而,当时国内使用的水泥却全部依赖进口,价格昂贵。时任开平总办的唐廷枢看到水泥工业有利可图,遂报请李鸿章批准,利用唐山的石灰石为原料,于 1889 年在大城山南麓创办了唐山细棉土厂,是为"中国洋灰制造工业之滥觞"[1]。

细棉土厂开办之初,因产品成本高,连年亏损,于 1893 年被迫停产。甲午战争结束后,民族危机日益严重。1900 年,在"建厂自救"的号召下,著名实业家周学熙着手恢复细棉土厂。同年,开平矿务局被英国资本家骗占,细棉土厂落入英国资本家手中。[2]1906 年,在周学熙的努力下,细棉土厂被收回自行经营。

2. 科技价值

1907 年,唐山细棉土厂更名为启新洋灰股份有限公司,水泥商标为"龙马负太极图"牌(俗称"马牌")。购买丹麦史密斯公司先进的回转窑和球磨机,替代落后设备,在中国开创了回转窑生产水泥的历史。由于生产的发展和质量的提高,生产的"马牌"水泥的细度、强度和化学成分已经超过英国和美国的标准。1911 年,启新水泥荣获意大利都灵博览会优秀奖。1912 年,启新水泥公司向美国洛杉矶出口水泥 1 万多桶,这是我国第一次出口水泥。1915 年,启新水泥在巴拿马赛会上获头奖。1919 年,启新销售的水泥占全国水泥总量的 92.02%,是当时中国最大的水泥厂。

---

[1] 孙毓棠. 中国近代工业史资料第 1 辑(下册)[M]. 北京:科学出版社,1957.
[2] 蔡蓉蓉,徐子琳,潘鸿雷. 南京工业遗产旅游资源开发研究 [J]. 科技经济市场,2012(7):53-56.

启新水泥

3. 社会和文化价值

启新1889文化创意产业园位于中国第一个水泥发祥地——启新水泥厂区内,是唐山近代工业文明的重要标志,也是唐山文化产业发展和城市转型升级的有力推动者。

唐山作为中国近代工业的摇篮,拥有大量重要的工业遗产,启新水泥厂旧址是中国水泥工业最具代表性的工业遗产之一。特别是唐山大地震后,工业建筑和其他建筑一样遭到破坏,幸存下来的厂房等尤为珍贵。如今,作为中国的著名工业遗产,启新水泥厂旧址变成了中国水泥工业博物馆和文化创意工业园区。启新1889项目位于原启新水泥厂,总建筑面积80万平方米,占地面积454亩。这是"退二进三"中最大的项目。该项目东临陡河,西北临大城山公园,交通便利。周边围绕着教堂、大城山、超级绿道等城市景观。

启新1889

4. 美学价值

斑驳的墙壁，锈蚀的水泥窑，瞬间使时光凝固在旧时光里。这样的老工业建筑的艺术美是难以形容的。曾经高大雄伟的建筑，似乎在隐隐地告诉人们当年的光荣与辉煌。翻修的仓库风格非常后现代，内有艺术家工作室、艺术空间和餐饮设施，保留了原先仓库的斑驳铁门和裸露的混凝土墙。这是一个创意公园，来自水泥厂的废料都被很好地保存了下来。在艺术家和当地文化工作者的推动下，已成为唐山乃至华北地区最成功的艺术文化区之一。这里是一个很有特色的地方，每个角落都能流露出艺术的气息。

5. 经济学价值

启新公司历经百年风雨，已发展成为有现代化自动控制生产线、年产水泥110万吨的大型企业。启新所在地唐山，东临秦皇岛港，西临天津港，南临京唐港，京山铁路贯穿全市，津唐、唐港、京沈高速公路在这里连通交织，交通十分便利，并在京津唐区域经济发展中具有重要地位。启新公司的传统产品"马牌"水泥多次获得国家级和省部级奖项，甚至获得国际奖项。1995年4月，启新与香港越秀企业有限公司合资成立"唐山启新水泥有限公司"，新的管理机制为启新注入了生机，百年老厂又焕发出新的活力。启新1889充分发挥工业遗产保护和文化创意结合的优势，促进传统产业的改造和升级，推动周围文化、旅游、娱乐、购物、休闲和其他商业服务，努力使其成为唐山城市景观的新名片。①

3.2.9 耀华玻璃厂

耀华玻璃厂（现为秦皇岛市玻璃博物馆）所在地为河北省秦皇岛市，始建于1922年。

1. 历史价值

开滦集团的总经理、英国人那森于1921年回英国，在此期间他曾到比利时玻璃工厂参访，发现"弗克玻璃制造法"这一先进的技术可生产优质的玻璃产品。因此，那森认为如果将此技术引入中国，便可获得丰厚利润。那森回到中国后，经与滦矿董事周学熙等商议，决定由开滦直接投资设厂。1921年12月，中国、比利时企业代表签订《耀华机器制造玻璃股份有限公司华洋合同》，规定公司股本120万银圆，每股100元，中、比各占6000股，总事务所设在天津，总工厂设在秦皇岛，还规定了企业的人事安排。1922年3月，中比合资的耀华机器制造玻璃股份有限公司正式成立。

2. 科技价值

耀华机器制造玻璃股份有限公司，开启了中国玻璃工业制造的源头。1922年8月，周学熙聘请比利时资本家推荐的玻璃制造世家古伯任总工程师，聘请曾任北京清华学校校长的金邦正为副工程师。1924年5月，工厂开始试生产，1925年正式投产，当年出货16万箱（每箱100平方英尺），此后年产量均在20万箱左右。1933年开始扩充设备，当年即生产32.5万箱。产品不仅在国内畅销，而且远销海外，深受日本、美国、东南亚国家的青睐。产品

---

① 谢空，王雨萌.唐山近代的工业发展历程与工业遗产保护利用[J].邢台学院学报，2018（2）：99-101.

商标曾于1924年注册为"阿弥陀佛"图像,次年改为标有"耀华"和英文"YH"字样的"双套金刚钻"新商标。1930—1935年间,耀华产品多次参加国内国货博览会,屡获好评。①

3. 社会和文化价值

2008年,随着城市的发展,耀华玻璃厂整体搬迁。秦皇岛市政府决定在原耀华玻璃厂建设中国第一个玻璃博物馆,以记录历史、保护玻璃文化,进而为秦皇岛文化旅游资源的开发提供助力。秦皇岛市玻璃博物馆成立于2010年12月,是我国第一家国有玻璃专题博物馆,2012年8月6日面向公众开放。博物馆展览的主题为"天地凝光",分为"古代玻璃及发展""中国玻璃工业摇篮""中国当代玻璃工业""璀璨神奇的玻璃世界"4个展示区域,全面、生动地展示了我国玻璃文化产生、发展和演变的历程,彰显了玻璃历史、玻璃工艺、玻璃艺术的独特魅力。自开馆以来,博物馆秉承"以人为本,服务群众"

耀华玻璃博物馆

---

① 贺可可. 对农业生物质能源建设项目环境影响评价研究 [J]. 经济技术协作信息, 2016(13): 18-19.

的理念，获得了良好的社会效益。博物馆配套服务设施齐全，定期开展社会活动，吸引了大量玻璃艺术界的专家、学者和其他人士前来研学。充分发挥旅游城市的优势，精心设计具有地方特色的文化旅游产品，特别是与许多国内玻璃艺术公司签订产品展览、销售和研发合同。博物馆依托耀华玻璃厂遗址建设而成，其营造的高雅的艺术文化氛围、文化品位和艺术内涵赢得了社会的广泛赞誉。它既是一个全面展示玻璃文化艺术的平台，又是一个系统展示秦皇岛城市历史文脉的窗口，对弘扬玻璃文化、塑造城市形象均具有重要影响。

4. 审美价值

博物馆是玻璃历史、玻璃工艺和玻璃艺术的综合展示，布展面积1500平方米，展出1000多件文物。展品璀璨夺目，有古代西方使节进献清代皇帝的玻璃工艺品，有近现代"弗克法"和"浮法"两种玻璃制作工艺叙述，有防弹玻璃、自洁净玻璃、航天玻璃等多项现代新型玻璃制品，还有众多的当代玻璃艺术品。玻璃艺术展览是博物馆展览的重点，也是博物馆整体风格的提升。博物馆展出了清华大学、上海大学、吴子熊博物馆等国内顶级玻璃艺术团体、学术机构、艺术家的代表作品，这些作品对玻璃多变、万种艺术特色的魅力作了完美诠释。在展区，为了更好地审视中国玻璃发展的历史，博物馆精心复原了颜神镇的街面场景，直观再现了明清时期的玻璃之都——博山颜神镇的市井风情。① 为了增加参观者的参与度，展区设置了实践活动，如现场玻璃制作、玻璃彩绘、玻璃珠、万花筒等互动形式。

耀华玻璃博物馆展品

---

① 搜狐网. 五一去哪里？来秦皇岛玻璃博物馆感受劳动者的风采[EB/OL].https：//www.sohu.com/a/392841357_120115320.

5. 经济学价值

耀华集团历史悠久，拥有技术、品牌、人才和市场优势。它是亚洲第一个采用现代工业法生产玻璃的厂家，被称为中国玻璃工业的摇篮。它安装了亚洲第一条"弗克法"生产线，制造了中国第一块机制平板玻璃。耀华玻璃在国内外享有盛名，主要产品有优质浮法玻璃、汽车玻璃、节能玻璃和粉红、福特蓝、F 绿等车身有色玻璃，以及在线镀膜玻璃、硼硅玻璃等。进入 21 世纪后，耀华集团深化改革、创新发展，不断探索企业发展的新模式，在秦皇岛市委、市政府的大力支持下，耀华集团与中国建筑材料集团全资子企业——凯盛科技集团有限公司重组，借助中央企业的广泛资源和平台，加快自身发展。为实现企业转型升级，耀华集团在新园区重点发展优质浮法玻璃、硼硅玻璃和新型功能玻璃深加工生产线，重建百年耀华品牌雄风。

3.2.10 唐胥铁路修理厂

唐胥铁路修理厂，唐山机车车辆厂的前身，现为唐山地震遗址纪念公园，所在地为河北省唐山市路南区岳各庄大街 19 号，始建于 1880 年。

1. 历史价值

唐胥铁路是中国第一条标准轨距的货运铁路。1881 年，开平矿务局为了解决煤的运输和销售问题，开始修建胥各庄至唐山的一小段铁路——唐胥铁路，聘请英国工程师金达监督修建。这是一条单轨轻便铁路，全长约 18 华里。火车一开始是由驴和马拉的，第二年由火车头牵引。1887 年，铁路从胥各庄延伸到芦台，次年又延伸到大沽以至天津。

洋务运动开展以来，随着新的工业企业的建立和发展，煤炭的需求量空前增加，洋务派官僚积极筹建新的煤矿以保证煤炭的供应。1878 年，中国早期的实业家唐廷枢遵照李鸿章的指令，创办了开平矿务局，这是中国历史上第一个采用近代采煤技术的大型煤矿企业。随着开平煤矿的建成，煤炭产量逐年增加，有必要建立适应煤炭运输的便捷运输系统。1879 年，李鸿章上书清政府修建从唐山到北塘的铁路，这样煤就可以通过铁路运到北塘，然后再通过水路运出，但修建铁路的想法立即遭到清政府顽固派的强烈反对。为解决煤炭运输问题，开平矿务局于 1880 年开挖了一条从芦台到胥各庄的"煤河"。当煤河修到胥各庄时,因地势升高,无法继续挖掘,李鸿章不得不再次考虑修建唐山到胥各庄铁路,以便与煤河相连。1881年6月9日,唐山至胥各庄(今丰南区)的唐胥铁路开始铺设铁轨,轨距为1.435米。9月,约18华里长的唐胥铁路竣工并开始试运行,11月8日正式通车。1886年,中国第一家铁路公司开平铁路公司成立,收购唐胥铁路后,开始独立建设和运营铁路业务。1888年铁路修至天津,1894年天津至山海关铁路通车,改称津榆铁路,由唐胥铁路向东、向西延伸出唐芦、唐津、京山(北京到山海关)铁路。

2. 科技价值

19世纪80年代,对外闭关锁国的清朝对铁路等新事物一无所知。火车头也有了一些新的名称,如火轮、轮车等。1881年,中国制造第一辆蒸汽机车——"龙"号机车。这台机车在唐廷枢的主持下,由英籍工程师金达同中国工人一道于1881年完成。机车高约3米,宽2.5米,重约10吨,牵引能力100多吨,时速5000米。有三对动轮,每个动轮的直径是2英尺6英寸。没有导轮和从轮。虽然结构比较简单,牵引能力也小,但主要构造和外形已接近现代机车。英人白内特(时任开平矿务局总工程师)的夫人仿照乔治·斯蒂文森制造的"火箭号"蒸汽机车的前例,把它命名为"中国火箭"。但制造

唐胥铁路

机车的中国工人却在机车的两侧各镶上一条黄铜镌刻的飞龙，称之为"龙"号机车。"龙"号机车吹响了中国铁路历史上的第一声汽笛，标志着中国近代铁路交通由此启航。①

3. 社会和文化价值

唐胥铁路修理厂，现为唐山地震遗址纪念公园。唐山地震遗址纪念公园自开放以来，已经接待了近300万人次游客。唐山地震遗址纪念公园为社会各界和广大市民追悼地震遇难者、开展爱国主义教育、开展防震减灾宣传、开展地震学术研究和交流提供了必要的场所，在宣传唐山方面起到了窗口作用。2011年6月被列入"国家红色旅游经典景区"名单，2011年7月被中国地震局授予"国家防震减灾科普教育示范基地"称号。根据"国内一流、世界领先"的理念，唐山市政府进一步精心计划，加强管理，优化功能，扩大影响，并建立示范基地、科研训练和实践基地，充分发挥纪念公园地震预防和减灾教育的功能。唐山地震遗址纪念公园先进的科技应用、强大的文化氛

唐山地震遗址纪念公园

---

① 唐山市人民政府. 唐廷枢的名字何以镌进唐山历史 [EB/OL]. http：//www.tangshan.gov.cn/zhuzhan/shehuixinwen/20171218/558996.html.

围、广泛的社会影响，为我国防震减灾事业和唐山市经济社会发展作出了重要贡献。

4. 审美价值

唐山地震遗址纪念公园于 2008 年 4 月开工建设，2008 年 7 月初步建成开放，总占地面积 40 万平方米，总投资 6 亿元人民币，这是世界上第一个以"纪念"为主题的地震遗址公园。公园的设计充分体现了"尊重自然、关爱生命、探索科学、铭记历史"的理念。公园以原唐山机车车辆厂铁路轨道为纵轴，以纪念大道为横轴，分为地震遗址区、纪念水区、纪念林区和纪念广场等区域。① 广场前是纪念水池，池中的主题雕塑以石头和青铜为材质，以逼真的雕塑语言展现了唐山人民团结一致、直面灾难的生动场景，激发了人们珍惜生命、奋发向上的英雄情怀。唐山地震遇难者纪念墙由 5 组 13 面墙壁组成，上面刻着在 1976 年唐山地震中遇难的 24 万名同胞的名字。纪念墙的每一面高 7.28 米，代表 7 月 28 日，墙面距离水面 19.76 米，代表 1976 年，象征着生死之间的时空距离。唐山地震博物馆是中国最大的地震主题博物馆，建筑面积 1.2 万平方米，由纪念馆和科学博物馆两个分馆组成。

5. 经济学价值

唐胥铁路的建成，在洋务派和顽固派的纠纷声中，虽然经历了曲折，但最终还是延伸到了远方。仅 18 里长的唐胥铁路结束了中国没有铁路的历史，也拉开了中国铁路建设的序幕。

3.2.11 二七机车厂

二七机车厂所在地为北京市丰台区长辛店，始建于 1897 年。

1. 历史价值

二七机车厂现为中国铁路车辆工业集团成员，是中国最大的铁路调车机车生产基地，产品分布在全国 12 个铁路局的 70 多个机务段和 38 家路外工矿企业。工厂占地面积 104.3 万平方米，固定资产原值 5.1 亿元，拥有机械动力

---

① 搜狐网.走进唐山地震遗址纪念公园[EB/OL].https://www.sohu.com/a/107858998_109471.

设备近 3000 台（套），职工 5500 多人。1922 年该厂成立工会。1923 年 2 月进行罢工斗争。1949 年 10 月 1 日，3000 多名工人作为工人阶级代表参加了开国大典。

2. 科技价值

二七机车厂是铁路牵引动力内燃机车的专业生产厂家，1993 年被国家统计局认定为中国运输设备 500 强企业。1999 年以来，先后通过了 ISO9001 质量体系认证、ISO14001 环境管理体系认证、OHSAS18001 职业健康安全管理体系认证和 IS010012 计量检测体系认证。拥有各种机械电力设备 3000 多台（套），如大型曲轴、龙门铣床、精密齿轮测试仪、双频激光干涉仪、数控磨齿机、焊接机械手、碳硫分析仪、数控凸轮轴磨床等国内先进水平的设备，形成了以东风 7 型等为主的铁路机车系列产品，生产柴油机、液压变速箱、转向架、万向轴、活塞、连杆等内燃机机车配件及内燃机机车维修试验设备。

二七机车厂

二七机车厂生产的内燃机车品种有东风7系列机车、东风7b系列机车、东风7c系列机车、东风7d系列机车、东风7e调车机车、东风7f型高功率分流机车、模块化的7g型和外向型类型机车、GK1E31工矿机车、GKD1E工矿机车、GK3E工矿机车、出口越南CK1E型工矿机车和北京型系列液压内燃机车。

3. 社会和文化价值

二七机车厂以精心造车、周到的服务，竭力满足用户每个需求，不断提高工厂的核心竞争力。近年来，该厂商业模式从传统的大型制造业向加强研究和开发、加强系统集成核心组件制造、加强市场和客户满意度转变，并努力建设中关村轨道交通高端装备制造园。二七机车厂有着深厚的文化底蕴，始终坚持勇于担当、迎难而上、谋求发展的精神，创建稳定的运营结构，为打造行业一流企业而不懈努力。

4. 审美价值

二七机车厂是北京近代工业的发源地，是"二七"工人运动的发源地，拥有一百多年历史积淀，具有深刻文化内涵。在《京津冀协同发展规划纲要》和《十三五规划》指导下，符合非首都核心功能疏解政策。二七厂外迁、改造产业园区之举是对政策的贯彻执行。中车1897科技文化创新城园区项目处于永定河绿色生态发展带上，功能定位为京西绿色生态走廊。主导产业是高科技产业、文化创意产业、生态休闲产业。[1] 园区基础服务包括物业服务、政策信息、工商报税、项目申报、沟通互动以及交通、物流、银行、商业配套和其他基础服务等；增值服务包括运营服务、广告经营、中介服务、推广活动、会务策划、孵化平台、人才引进、培训活动等；园区其他服务包括地铁接驳、公共绿地前三年免费等。中车努力成为第二产业和第三产业协调发展、经济效益和社会效益持续发展的现代企业集团，努力成为国际领先的高端设备制造商和服务提供商，并努力建成国际领先的轨道交通产业科技创新和文化交流的基地。

---

[1] 中车1897.走进园区：中车科技文化创新城[EB/OL].http：//www.yuqibeijing.com/zc1897/reposition.html.

5. 经济学价值

自 1975 年以来工厂生产柴油机车，工厂生产的柴油机车市场保有量已突破 2000 辆，路内机车市场覆盖包括 15 个铁路局和石化、煤炭、冶金、电力等行业 80 多家大公司，占中国调车机车一半以上的市场份额。向国外出口机车，如越南、古巴和刚果等。

3.2.12 天津解放桥

所在地为天津市河北区三经路与和平区解放北路之间的海河上，初建于 1902 年，主要遗存是桥体和历史照片。

1. 历史价值

解放桥位于天津火车站（东站）西侧，是一座可打开的全钢结构的桥梁。原建于 1902 年，1923 年重建，1927 年正式建成，连接和平区解放北路与河北区世纪钟广场，原名"万国桥"，即国际桥之意。北连老龙头火车站（天津旧站名），南通紫竹林租界。因为该桥位于法租界入口处，又是由法租界工部局主持建造的，所以当时天津民众称之为"法国桥"。

1902 年，法租界要求清政府在海河下游老龙头站（天津站）附近修建大桥，当时称老龙头桥。同年开始修建此桥，桥分为四个孔，采用变高度连续钢桁架。由于城市交通的发展，20 世纪 20 年代开始建造新的桥梁。1927 年，新万国桥建成，旧桥拆除。抗日战争胜利后，当时的国民政府以蒋介石的名字命名该桥，并将该桥的名称由"万国桥"改为"中正桥"。1949 年天津解放后，该桥正式更名为"解放桥"，至今仍在使用。

2. 美学价值

这是海河上最昂贵的桥梁。这座桥一直状况良好，一直在使用。万国桥是一座双叶立转式开启式钢结构大桥。大桥长 97.64 米，宽 19.50 米。桥体分为 3 孔，中间为开户跨。开户跨为双叶立转式，在桁架下弦近引桥部分背贴一固定轨道。当桥梁打开时，可移动的叶桁架沿轨道移动开启，以腾出更大的航行空间。合拢后，桥上可过车辆和行人，开启后则可通航过船。"万国桥下过大船"，曾经是海河一景。

3. 科技价值

天津解放桥属于 Scherrer 式开启桥。桥跨分为活动跨和固定跨，活动跨采用双叶式结构。桥闭合时，为了使两侧活动跨自由端有共同的挠度。两活动跨由插销连接，使桥面保持连续。桥的开合通过电机驱动，齿轮传动扭矩，带动传动齿轮旋转并沿上齿条水平移动。传动齿轮施加于桥弧形齿条一个水平作用力，推动桥弧形齿条旋转并沿下支撑齿条向两侧水平移动。双叶式活动跨从中间向两侧向上打开，直到与桥的固定跨接近垂直。同时双叶活动跨向后移动。实现桥的开启。桥重心与平衡重中心之间的连线基本通过传动齿轮的中心，对其中心的力矩接进相等。通过合理调整平衡重结构，可以将传动齿轮对弧形齿条的作用力减小至非常小的数值，从而有效减小电动机输出的扭矩。

历史上的天津解放桥

4. 社会和文化价值

抗日战争期间，"万国桥"曾阻挡日军过桥，为中国军队赢得了宝贵的时间。1937 年 7 月 29 日凌晨 1 时，抗日烽火在天津全城点燃，日军兵营、日本机场、东火车站（现在的天津站）成为打击的目标。日本援军冲向海河北岸的大桥，如果援军越过这座国际桥，进攻东站的中国军队将会腹背受敌。就在这时，万国桥中间的桥面上响起了刺耳的汽笛声，驻守在法租界的法国军队以保护自己租界的名义，拒绝让日本人通过，这为中国军队攻击东站赢得了时间。经过两个小时的战斗，日军被赶出了东站。

万国桥紧靠天津中心，天津火车站是北方重要的交通枢纽，天津中街是当时北方的金融中心。1949年以前，国民党守军在桥头筑起坚固的防御工事，派驻重兵。万国桥是解放军迂回进出河西、河东两个战区的必经之路，也是必须被攻陷的战略要地。1949年1月15日拂晓，经过一天的激战，解放军终于开进市区，突入南岸的万国桥前。驻扎在桥上的国民党部队仍在战斗。为了减少伤亡，解放军派出了一个排的士兵从桥上游200米处强渡北岸，准备从桥北攻击敌人，同时另派两个排的士兵冲进敌人所在的桥南。桥上有装备精良的国民党第九十四军的部队把守，但是他们知道上游的桥已经陷落，因此军心涣散。当看到解放军正在逼近，而且还在渡河准备包抄自己的后路，就开始溃逃了。这样，解放军在20多分钟的时间里，用了不到一个连的兵力，

现在的天津解放桥

就击溃了装备精良、防御严密的国民党守军，夺取了万国桥。在万国桥之战中，活捉敌人 50 余人，缴获汽车 80 余辆。这座桥见证了天津的解放。

5. 经济学价值

2005 年改建的解放大桥，通过对线路和输电开启系统的综合改造，恢复了原有的可开启功能。同时对整个桥的钢梁进行了修复加固，并重新涂油装饰。由于锈蚀严重，天津城建设计院和同济大学的专家对部分锈蚀严重的零件进行了 1∶1 的复制和更换。在改造过程中，对解放大桥用千斤顶将整桥托起。因钢桥结构很容易变形，加上多年的侵蚀，改造难度更大。新桥在原桥的基础上提升 20 厘米，桥下净空增加 60 厘米。大桥通行后，豪华游艇可自由通行。

3.2.13 天津碱厂

天津碱厂，现为天津碱厂厂史馆，所在地为天津市滨海新区大连东道，始建于 1914 年。

1. 历史价值

19 世纪末，"洋碱"开始倾销中国，由于本国不能制碱，致使大量黄金外流。1911 年，曾在日本京都帝国大学化学系学习化学的范旭东回国，决定创办中国的化学工业，1913 年确定在塘沽办厂，1914 年 9 月获批成立久大精盐公司，并在塘沽成立久大精盐厂。与此同时，范绪东在创办久大精盐厂的基础上，决定"变盐为碱"，成立了"永利制碱公司"，开创了中国制碱行业先河。1916 年 4 月，久大盐厂建成投产，同年 9 月，第一批精盐从塘沽运往天津销售，后来销往湖南、湖北、安徽、江西等地。久大精盐厂的成立和运营，为日后永利碱厂的成立提供了原料、资金和人才的保障。从 1918 年到 1924 年，永利制碱公司为碱厂的设计和基建招揽人才。1923 年，碱厂的大部分机械设备相继安装和试验。原盐来自长芦盐场，石灰石和煤粉由唐山卑家店石矿和开滦煤矿供应。1934 年 3 月，创始人范旭东改组永利制碱股份有限公司，更名为永利化学工业股份有限公司。永利碱厂从成立到 1952 年公私合营前，一直是一家私营企业。永利碱厂隶属于永利公司。

曾经的天津碱厂

1952年6月23日，永利化学工业股份有限公司实行公私合营后，易名为"公私合营永利化学工业公司"，永利碱厂则更名为"公私合营永利化学工业公司沽厂"，简称"永利沽厂"，并划归中央人民政府重工业部化学工业管理局管辖。1955年1月1日，永利沽厂和久大精盐厂合并经营，更名为"公私合营永利久大化学工业公司沽厂"，简称"永久沽厂"。1956年，永久沽厂转归化学工业部领导，1958年6月由化工部划归天津，隶属于天津市化学工业局，1959年3月又改属为河北省化学石油工业厅，1961年7月重新划归化学工业部。"文化大革命"初期更名为化工部前进化工厂和东方红化工厂，1968年7月更名为"化工部天津碱厂"。1972年3月，天津碱厂重新被化工部划归天津市化学工业局领导。

2. 科技价值

碱厂采用当时世界先进的制碱技术，设计生产能力为每天生产40吨纯碱。1924年8月，碱厂首次出碱。1926年6月，碱厂生产出碳酸钠含量超过99%的雪白产品。为了区分国内土法生产的"口碱"和从国外进口的"洋碱"，范旭东将其产品命名为"纯碱"，并定确定了"红三角"牌的商标。

1926年8月，在美国费城举行的万国博览会上，"红三角"牌纯碱获得最高荣誉金质奖章，并实现了中国品牌的化工产品首次出口。[①]1930年，"红三角"牌纯碱荣获比利时工商博览会金奖。永利碱厂生产的"红三角"牌纯碱在国际上赢得了业界同行的肯定，奠定了中国现代化学工业的基础。

3. 社会和文化价值

天津碱厂位于滨海新区核心区。随着滨海新区的发展，化工企业陆续搬迁。2005年12月18日，天津临港工业园区渤海化工园区和天津碱厂搬迁改造工程正式启动。渤海化工园区由天津渤海化工集团公司规划建设运营，规划总投资630亿元。除保留部分有历史价值的建筑外，天津碱厂分阶段拆除搬迁至渤海化工园区。2009年12月15日，天津碱厂联碱系统停车，2010年10月13日氨碱系统也停车。2011年8月1日，天津碱厂两座分别高150米和100米的标志性烟囱爆破拆除，标志着中国现代工业遗迹——天津碱厂搬迁结束。为了纪念天津碱厂在中国化工发展中所起的重要作用，在天津碱厂旧址留下了一套设备和一间厂房。根据滨海新区规划，现有地将成为于家堡金融区的一部分。

4. 审美价值

企业园区建设发展战略是优化新区面貌，优化生产指标，节能减排，充分利用生产过程中排放的废液、废气、废渣，构建循环经济产业链。加强吸收引进技术再创新，提高自主创新能力，形成企业可持续发展的核心竞争力。充分发挥现有公用事业和产业优势，加强产品链条延伸和产业集群规划设计，进一步提升在建产品的市场竞争力。加强化工新材料、能源新材料和精细化工新领域开发，发展高端产品，促进机电、物流、外贸的发展。实现老区增值，积极管理和实施老厂区土地出让金增值。充分利用老厂热电装置，规划永利供热公司发展，利用供热管网资源，做好供热市场的有效过渡和衔接，打造循环经济区。把握滨海新区发展难得机遇，开发企业地块的商业价值。充分利用老厂自有专利技术资源，利用企业品牌、技术、设备、管理优势，

---

① 徐鹏，穆献中，余漱石，等. 京津冀生物质废弃物能源化利用潜力及环境效益研究[J]. 环境科学与技术，2017（12）：292-299.

实现资产保值增值。不断深化与跨国公司的合资与合作，与世界跨国公司建立长期合作伙伴关系，学习其先进的管理经验和文明成果，不断提高企业管理和技术水平，确保"红三角"品牌在国内外市场的延续和发展。

5. 经济学价值

永利碱厂是中国化工行业的先行者。该厂生产的"红三角"牌纯碱是国内生产的第一个出口海外的化工产品。在天津近代史上，永利制碱厂、南开大学、《大公报》同时被称为"天津三宝"。1991年5月，在天津市化工局及其下属企业的基础上组建了天津渤海化工集团，天津碱厂更名为天津渤海化工集团天津碱厂。2011年6月，天津渤化永利碱业有限公司成立，由天津渤海化工有限责任公司天津碱厂与比利时苏威公司合资组建而成，比利时苏威公司占合资公司30%的股权。

3.2.14 北京焦化厂

北京焦化厂（现北京东部工业遗址文化园区）所在地是北京市朝阳区化工路，始建于1958年。

北京焦化厂

1. 历史价值

北京焦化厂始建于 1958 年，竣工于 1959 年，是 1959 年首都十大建筑配套工程和中华人民共和国成立十周年国庆献礼工程，是中国规模最大的独立焦化厂、中国最大的商用焦炭供应和出口基地、首都主要能源供应基地。北京焦化厂毗邻东五环化工桥，占地 147 公顷。2006 年 7 月停产。

2. 科技价值

在焦化厂建设之前，北京的燃料结构单一，环境污染严重，能源浪费巨大。为了解决这些问题，北京市委市政府决定建设焦化厂，以减少污染，实现能源综合利用和燃料节约。1959 年 11 月，焦化厂竣工投产。该厂建有我国自主研制的第一台炼焦炉，人工煤气首次通过管道输送到城区，"三大一海"（大会堂、大使馆、大饭店、中南海）等重要单位成为首批用气单位。进入 21 世纪，随着北京申办奥运会的成功以及城市建设的快速发展，焦化厂的地理位置和生产状况已不能满足首都城市建设的要求，尤其是环保要求。①《北京市总体规划（2004—2020 年）》提出："加快推动传统产业转移和产业结构调整。"《北京奥运会行动计划》进一步明确，北京焦化厂的关闭搬迁尽快实施。停产后，北京市每年减少煤炭消耗 296 万吨、二氧化硫排放量 7500 吨、烟尘排放量 7321 吨、外部污水排放量 750 万吨、COD 排放量 2032 吨。

3. 社会和文化价值

2006 年 7 月焦化厂停产后，各类工业建筑和设施面临着被拆除的命运。2007 年，在北京"两会"期间，50 多名市人大代表和政协委员提出保护、开发北京焦化厂工业遗址的建议。为此，北京市规划委员会与市国土资源局组织专家和有关主管部门进行实地勘察并组织多次研讨会，最后形成了一个保护、开发和利用北京焦化厂工业遗产的共识。经市政府批准，市计委于 2007 年 2 月致函北京焦化厂，暂停拆除工作，为焦化厂保护和开发奠定了基础。

4. 美学价值

在北京焦化厂旧址建成北京一座极具特色的工业遗址公园。焦化厂厂区

---

① 工业遗存的"拆"与"留"：丰富历史文化名城内涵，科学规划北京焦化厂旧址用地 [EB/OL].http://www.doc88.com/p-7903358272707.html.

周围的烟囱、传送带以及蒸馏塔、苯气罐等各类巨型化工设备均保存完好，炼焦区、煤气精制区及二制气区也进行完整保护，"煤之路""碳之路""气之路""化工之路"四条特色景观路线，极具老工业厂区特色。同时，以焦化厂为基础，打造以工业文明为主题的城市公园，建设工业博览馆、科技馆、大型演艺等公共文化设施。按照规划，北京焦化厂工业遗址公园将被打造成集影视、戏剧、音乐、舞蹈、活动等功能于一体的文化产业集聚区。①

5. 经济学价值

焦化厂片区的开发将承载文化创意产业、高端服务业和时尚体育体验，形成可持续发展的"高活力综合性城市功能区"。随着遗址公园的建设和与经济适用房配套的商业和学校的建设，加之地铁 7 号线延长线的铺设，曾经辉煌的老厂区将再次带动这一区域的发展。

3.2.15 大沽船坞

1. 历史价值

天津位于海河下游，横跨海河两岸，是通往东北、华东地区的交通咽喉。滨海新区位于天津东部沿海地区，是中国北方高水平的现代制造业和研发转化基地、国际航运中心和国际物流中心，也是宜居的生态新城，有"中国经济第三增长极"之称。北洋大沽船坞厂址位于天津滨海新区中心城市塘沽海河下游南岸，是 1880 年由李鸿章为满足北洋海军修理船只需要而建造的。场地沿河呈矩形分布，占地面积 4.6 万平方米。

1880 年购地 110 亩，基础设施和设备相对简单，到 1885 年，船坞有了打铁厂、锅炉厂、铸铁厂、模件厂，而且建立了甲、乙、丙、丁、戊、己六个坞。1890 年以后，大沽船坞的功能日益丰富，除了传统的建造和修理船只外，还生产军火、大炮等。1892 年，清政府采纳了李鸿章的建议，开始生产大炮。1916 年，船坞购买了一挺德国马克沁机关枪，由吴毓麟提出仿制。1918 年，直隶督军曹锟出资兴建造船所，购置机器，扩建厂房。1924 年，大沽船坞脱

---

① 老工业基地打造科技商务区，北京焦化厂变身工业旧址公园 [EB/OL]. http://www.thupdi.com/topic/view?id=535.

离北洋政府，服务奉系军阀海军舰队。1928年5月，奉军战败，船坞机器、技工全部撤往奉天，计划在奉天建厂。1937年被日本军队征用。1945年日本投降后，国民党接管了大沽船坞，1949年解放。1952年，先后建成铸造、炼铁、轮机、船体、锅炉房等生产车间和配套生活服务设施，生产设备增加到183台。1954年8月，大沽船坞划归新河船厂，1981年更名为"天津市船厂"。2000年建成北洋水师大沽船坞遗址纪念馆，2002年该纪念馆被确定为第三批"天津爱国主义教育基地"。

2. 科技价值

天津市船厂代表了大沽船厂的完整性，是大沽船坞的重要组成部分。天津市船厂配备先进，有着完善的现代造船技术和工艺流程，为保护和开发大沽船坞提供了可靠的经验、技术和设备支持，为现代工业遗产实践的研究工作提供了重要的参考价值。直到新中国成立，大沽造船坞成为修理船舶、造船和生产枪支弹药的综合性军事基地。新中国成立后，为了满足大型船舶的生产需求，大沽船坞开始更新设备。过去的旧机床更新成万能铣床、刨床等，也扩大了生产规模。从1958年开始制造蒸汽机、燃煤蒸汽机车，满足大型船舶的需要。[①]

3. 社会和文化价值

大沽船厂具有很高的爱国主义教育价值，是中国近代史上发展民族工业、抵御外来侵略的典型代表。民族精神强，有利于增强民族自豪感。科学合理地利用大沽船坞，不仅有助于认识到塘沽地区的可持续发展，而且对滨海新区乃至天津市都有非常重要的现实意义。

4. 审美价值

大沽船坞文物在空间上分布广泛，包括地面上的单体建筑，如轮机车间、地下船坞等。大沽船坞位于海河与渤海的交汇处，既体现了历史环境的真实性，又为市民和游客提供了良好的城市景观。大沽船坞附属文物经幢、抱鼓石等精美的石刻艺雕塑、大量的古代碑刻以及近代造船、修船设备，在造型

---

① 中国数字科技馆. 大沽船坞，百年船厂的传奇 [EB/OL]. https://baijiahao.baidu.com/s?id=1601673663715247802&wfr=spider&for=pc.

大沽船坞遗址

工艺、装饰陈设等方面都具有良好的艺术性。

5. 经济学价值

首先是敬海传统。自康熙以来，大沽海神庙已成为帝王、贵族祭祀的重要场所。大沽船坞与海神庙相邻，无疑体现了现代工业文明与传统祭祀文化的内在融合。其次是洋务运动的重要成果。两次鸦片战争后，清廷决策者认识到向西方学习的重要性，洋务运动应运而生，而大沽船坞便是引进了西方先进技术和设备为北洋水师所造的修造船所。再次是晚清海防战略的见证。在李鸿章的海防战略中，筹建水师、大力发展军用工业都是极其重要的，大沽船坞和大沽炮台都是固守海口、保卫首都的重要保障。最后是开创北方军事工业的先河。大沽船坞早期引进了国外技术人员，引进国外先进技术，后来又建造舰船、军火、机械设备等，成为北方具有相当规模的船厂和重要的军工基地。

3.2.16 关内外铁路

1. 历史价值

开平煤矿建成后，为了把煤运出销售，于1881年建成从唐山到胥各庄的铁路，是为中国第一条标准轨距铁路——唐胥铁路。后来唐胥铁路向东展筑至山海关，向西展筑至天津、北京，于1894年建成京榆铁路（京山铁路）。1898年10月，清政府将京榆铁路延伸至奉天（今沈阳），改称关内外铁路，并与英国、俄国签订关内外铁路借款合同。1907年8月改称京奉铁路。1912年中华民国成立后，京奉铁路改称北宁铁路，由北洋政府交通部管辖。之后又几易其名，1949年10月中华人民共和国成立后，北宁铁路改称京沈铁路。

2. 科技价值

唐胥铁路通车后即行煤炭运输的任务，后来增加了其他货物运输，如陶瓷等，并增加客运业务。津唐铁路建成后，与天津的业务往来更加频繁。铁路联通北京和奉天后，关内外经济人员往来更加密切。英国人金达按照英国标准修建轨距为1.435米的铁路，后来成为我国铁路轨距定制。在胥各庄设立一个唐胥铁路修车厂，即唐山机车车辆厂的前身。胥各庄修车厂制造了我国第一台牵引100吨的蒸汽机车，即"龙"号机车。

3. 社会和文化价值

在北京丰台区卢沟桥街道京铁家园社区居住着1万多名居民，多数是铁路职工或子弟，他们中有老司炉、老信号员、老铁路技工，还有掌握新技术、推进中国铁路腾飞发展的新一代铁路骨干。铁路人的坚强品格和奉献精神，凝聚了京铁家园社区团结、和谐的生活氛围，形成了具有铁路特色的社区文化。2006年，在京铁家园社区举办"铁路文化庙会"，丰富了居民的休闲生活。为了进一步弘扬铁路文化，社区居民捐出了自己宝贵的铁路文物，于2008年在京铁家园社区文化中心建成社区铁路博物馆，这是丰台区京铁家园社区利用自身优势、动员铁路职工建立的国内首个基层铁路博物馆，形成了以普及铁路知识为特色的新型社区。[①]

4. 审美价值

京铁社区铁路博物馆里的展品按照"辉煌的京铁人""奉献的京铁人""勤奋的京铁人""开拓的京铁人"进行分期分批布展。目前，博物馆已收藏铁路老物件5000余件，主要有1904年汉阳钢铁厂出产的钢轨、清末时

---

① 新浪城市.发展之美：京铁家园社区铁路博物馆[EB/OL].http：//city.sina.com.cn/city/t/2015-01-14/173648504.html.

期铁路上使用的灭火器、20世纪60年代售票员使用的客票日期机、一套印有56个民族象征大团结的全套站台票，以及老铁路人的铁路制服、信号灯、老照片和多本列车时刻表等。博物馆展示最多的展品是食品券、香烟、门票、茶票、运输行李票，以及"火车"主题装饰模型，从这些可以看出铁路在国民经济和人民生活中的重要地位。一件件珍贵的铁路展品讲述着中国铁路的百年发展历史，更展现了历代铁路职工"勤劳朴实、自强不息、勇于争先"的铁路精神。博物馆馆藏文物的捐赠者们自愿成为博物馆的解说员，向每一位参观者讲述着展品背后的故事。

5. 经济学价值

中国铁路博物馆是中国铁路国家专业博物馆，是收藏展示铁路文物、宣传教育和科学研究的专业机构，是保护铁路历史遗产、传播铁路科技知识、宣传铁路建设成果的公共文化场所。铁路博物馆机车车辆展厅陈列的文物，是中国铁路牵引动力发展变化的缩影，是中国铁路从落后走向现代化的历史见证。[①]

3.2.17 其他京津冀典型工业遗产

根据《中国工业遗产保护名录》，京津冀区域还包括如下典型工业遗产：

1. 唐山磁厂

唐山磁厂位于河北省唐山市路北区龙泽南路31号，始建于1914年。主要遗存有厂房，办公楼，汉斯别墅，民国时期的青花大缸、地契等。

2. 京师自来水公司东直门水厂

京师自来水公司东直门水厂（北京自来水博物馆）位于北京市东城区东直门外北大街甲6号香河苑，始建于1908年。主要遗存有蒸汽机房、蒸汽机、水泵、烟囱、来水亭。

3. 中国海军中央无线电台

中国海军中央无线电台（491电台）位于北京市朝阳区双桥路9号，始建

---

① 走进中国铁道博物馆 感受中国铁路发展历程 [EB/OL].https：//www.meipian. cn/32lvybo6.

于1918年。主要遗存有发射机楼、天线、碉堡、1～5号楼等。

4. 北京印钞厂

北京印钞厂（541厂）位于北京市西城区白纸坊街23号，始建于1908年。主要遗存有钟楼、主工房大楼、大水塔、专家楼、印刷机器等。

5.718联合厂

718联合厂（华北无线电联合器材厂、798艺术区），位于北京市朝阳区酒仙桥，始建于1954年。主要遗存有包豪斯风格厂房、仓库、轨道、蒸汽机车、煤气发生器、东德制机器设备、精密仪器、办公设备，以及大量文献、亲历人、影像资料等。

6. 秦皇岛港

秦皇岛港位于河北省秦皇岛市海港区南山街13号，始建于1898年。主要遗存有大码头、小码头、南山信号台、老船坞、开滦矿务局办公楼、车务处、开平矿务局秦皇岛经理处办公楼、开滦矿务局秦皇岛高级员司俱乐部、外籍员司特等房、引水员住房，以及档案、港志、回忆录、历史照片等。

7. 京汉铁路

京汉铁路为北京到汉口的铁路干线，经过北京、河北、河南、湖北，始建于1898年。主要遗存如下：（1）湖北：平汉铁路南局、汉口大智门车站、循礼门车站、江岸车站、黄河南岸站；江岸京汉铁路工会会员证章（藏于武汉二七纪念馆）、二七烈士纪念碑、京汉铁路总工会旧址、施洋烈士陵园；詹天佑故居。（2）河南：二七纪念塔。（3）河北：石家庄车辆厂前街13号法式别墅3-4栋，原石家庄车辆厂法式建筑。（4）北京：长辛店铁路工人俱乐部、工人劳动补习学校、长辛店工人俱乐部、工人夜班通俗学校、长辛店留法勤工俭学预备班、二七烈士墓、铁路工人浴池；京汉铁路告成铁碑、平汉铁路线路全图、平汉铁路逐段通车时间图（藏于中国铁道博物馆）、京汉铁路图（藏于澳大利亚国立图书馆）。

8. 正太铁路

正太铁路，今石太铁路，是连接石家庄到太原的铁路干线，经河北、山西，始建于1904年。主要遗存如下：（1）山西：阳泉站、南张村站、上安站、南峪站、娘子关站；绵河大桥、南张村五孔桥（建于1919年）、乏驴岭法国铁桥与隧道。（2）河北：正太铁路竣工通车碑、路章碑、懋华亭（路权收回纪念亭）；石家庄大石桥、正太饭店；日军碉堡；正太铁路全图、档案等。

9. 津浦铁路

津浦铁路为天津到南京浦口的铁路干线，经过天津、河北、山东、安徽、江苏，始建于1908年。主要遗存如下：（1）天津：天津新站（天津北站）及天桥（北天桥）、天津西站、静海站、陈官屯站、唐家屯站、杨柳青站。（2）山东：津浦铁道公司旧址、津浦铁路宾馆旧址、津浦铁路济南站高级职员住宅、通和塔（津浦铁路机务段水塔）、张夏站站房、水塔，万德站站房，青县铁路给水所、泰安站钟楼、枣庄站站长室、兖州机务段机车库、转盘、水塔、韩庄站。（3）安徽：蚌埠淮河铁路大桥、金山铺董家河大桥、群英桥、蚌埠东站老站牌。（4）江苏：浦口站英式建筑群、浦口机务段、浦口电厂、沙河集站、津浦铁路抗战殉难员工纪念碑（徐州）、韩庄铁桥、滁州老站、界石碑（现藏于上海铁路博物馆）。

10. 大清邮政津局

大清邮政津局位于天津市和平区解放北路111号，始建于1884年。主要遗存有大清邮政津局大楼、邮票、邮品文物、运邮马车，以及"费拉尔手稿"早期邮政档案等。

11. 井陉矿务局

井陉矿务局（含井陉矿、正丰矿），位于河北省石家庄市井陉矿区，始建于1912年。主要遗存有段家楼群和正丰矿。

12. 山海关桥梁厂

山海关桥梁厂位于河北省秦皇岛市山海关区南海西路35号，始建于1894年。主要遗存有钢梁车间、打风机厂房、铣边机床、型钢矫正机、制成桥体、铭牌、武汉长江大桥钢梁图册、档案、厂志、历史照片。

13. 比商天津电车电灯股份有限公司

比商天津电车电灯股份有限公司位于天津市河北区进步道29号，始建于1904年。主要遗存有办公楼、日本产直流电机（20世纪早期）、电车票、电灯费收据。

14. 开滦矿务局秦皇岛电厂

开滦矿务局秦皇岛电厂位于河北省秦皇岛市海港区东港路 60 号，始建于 1928 年。主要遗存有主楼、日本产 6 千伏单相变压器、天车、灯罩、燃料运输专用铁路、站台、蒸汽机车、开滦缸砖、瓷墙裙和地砖、技术档案（设计书、设计图纸、照片等）。

15. 新中国面粉厂

新中国面粉厂（乾义面粉公司）位于河北省保定市莲池区长城南大街 645 号，始建于 1919 年。主要遗存有五层制粉大楼 1 座、仓库 4 座、烟囱 1 座、营业二层楼房 1 座。

第4章 基于文化创意产业的京津冀工业遗产保护利用与更新

4.1 京津冀工业遗产保护与文化创意策略

4.1.1 国内外工业遗产保护理论和文化创意实践探索

4.1.1.1 国外工业遗产保护理论和文化创意实践探索

自20世纪七八十年代始,在西欧和北美等发达国家首先掀起了大规模的去工业化运动,致使诸多的工业旧址和相关工艺退出历史的舞台。一些工业遗产爱好者、地方历史学家等先驱,首先提出保护与保存这些社会经济变革中遗留下来的工业遗迹的倡议。随着保护与保存工业遗产观念的深入人心,工业遗产数量激增,欧美诸国多通过国家立法的形式对工业遗址和遗迹进行保护,从而走上了正规法制化之路。

1933年,国际现代建筑协会制定并通过了《雅典宪章》,首次提出倡议,应当保存有历史价值的古建筑而不应随意破坏。因为这些古建筑代表了人类历史某一段时期的建筑特色,具有美育民众的作用。1955年,英国学者迈克尔·克里斯出版了《工业考古学》一书,呼吁对工业革命与发展时期的工业遗迹和遗物加以记录和保存,这就逐渐促使人们关注对工业革命遗存的保护与记录问题。1965年,美国著名风景园林设计师劳伦斯·哈普林发表"建筑再循环"理论,该理论首先提出改变旧有建筑内部使用功能并重新组合成新功能的观点,并亲自在旧金山吉拉德罩广场综合改造中实践这一理论,通过重新改造,一举将破旧残败的巧克力工厂改造成为全美第一座由旧工厂转型的,集购物、观光、表演于一体的露天商业购物中心,给当地带来了巨大的经济收益,同时也得以盘活旧有资产。这一理论的成功实践,在欧美激发起一股强劲的旧工业建筑改造热潮。1968年,英国的伦敦工业考古学会正式成立,学会对英国伦敦地区的工业遗产进行统计,号召社会各界加强对工业遗产的保护和利用的关注。1973年英国工业考古协会正式成立,针对工业遗产开展深入研究,同年学会举办了首届国际工业纪念物大会,此次大会的举行,不仅促进了工业遗产理论研究的进步,而且也提升了社会对工业遗产的保护力度及国际影响力。1978年,国际工业遗产保护委员会正式成立,工业遗产的影响力传播得更加广泛,保护力度也得到增强。1987年,国际古迹遗址理事会(COMOS,联合国教科文组织领导下的世界遗产的国际权威机构),通过《保护历史性城市和城市化地段的宪章》(即《华盛顿宪章》),指出城市的历史特色以及形象地表现着那个特色的物质的和精神的因素,总体是应该给予保护的。

21世纪以来,国际上工业遗产保护和利用的影响力提高到一个新的高度。2003年,国际工业遗产保护委员会在俄罗斯的乌拉尔市举行会议并达成了《下塔吉尔宪章》。《宪章》指出工业活动中的建筑物、构筑物,曾经使用过的生产设备与工艺流程,及其外部环境等所有其他有形的、无形的元素都具有重大价值。从更加宏观、更加全面的角度阐明工业遗产的定义,而且提出工业遗产的历史价值和保护方法,具有很强的现实指导意义。2011年,第17届国际古迹遗址理事大会达成了《都柏林原则》。《都柏林原则》强调了当前工业遗产遗址、构筑物、区域与景观的保护工作的紧迫性,指出工业遗产正面临的巨大风险以及导致工业遗产保护陷入困境的原因。2012年,第15次国际工业遗产保护委员会在中国台北举行,大会通过《台北亚洲工业遗产宣言》,《台北亚洲工业遗产宣言》站在国际视角的高度,探讨了当前亚洲的工业遗产保护与利用现状,指出亚洲工业遗产的保护应该注重保护地方文化因素,应该更加全面而系统地认定其价值。此次大会为亚洲工业遗产申报世界文化遗产提供了较好的平台与机遇。

通过以上对国际工业遗产保护开发理论与国际章程的梳理,我们可以更加清晰地分析工业遗产的概念、价值与保护观念的转变,更好地指导本地区及国家工业遗产的保护、利用与实践工作。

欧美等后工业国家,早在20世纪就开始了对工业遗产开发再利用的实践活动,并且探索出了一套成熟而完备的模式,具有典型借鉴意义。

1. 主题博物馆模式

此种模式是国际上保护工业遗产的一种流行模式。在工业遗址内，将工业设施与建筑群比较集中的区域建成现场博物馆或展览馆的形式，向公众展示某些工艺生产过程，使工业区的历史感和真实感得以活化，同时使社区民众的参与感和认同感得以激发。另外，因一般工业遗产的建筑体量和内部空间较大，设计好内部交通通道，可以满足较大规模人群参观需要，与博物馆和展览馆的内部空间特点相近，关于这种模式，国内外有诸多成功案例。这种模式可以更好地保留城市原有的历史印记，延续文脉，记录并传播城市特有的历史文化，将废旧工业遗产转变为更具价值的城市文化资源。这些成功案例的工业博物馆和展览馆，多数已经成为当地甚至全世界颇有影响力的培训、教育与旅游中心。

英国的铁桥峡谷博物馆群。铁桥峡谷位于英国的什罗普郡，是英国工业革命的发祥地之一，曾以煤炭工业为支柱性产业，从16世纪末开始开发，至19世纪后半叶开始衰落。自20世纪60年代起，英国政府开始着手对其实施遗产保护与改造，除了恢复其惨遭破坏的生态环境外，还在旧址建造了主题博物馆，尤其以铁桥和鼓风炉改造设计景观最为著名。

铁桥

鼓风炉

整个峡谷由采矿区、铸造厂、车间和仓库改造而成，由密布的巷道、轨道、坡路、运河和铁路汇聚而成的旧运输网络连接成片。截至目前，铁桥峡谷总体占地面积将近 10 平方千米，囊括 7 个工业纪念地和博物馆、285 个保护性工业建筑。1986 年，铁桥峡谷成功被载录世界文化遗产，这是全球首例工业遗产被收录为世界文化遗产。铁桥峡谷工业遗产开发再利用的成功示范，带动了英国其他地区和日、美等国的工业遗产开发业态。

德国的鲁尔工业区是资源型城市改造转型成功的经典案例。[①] 位于德国西部的鲁尔工业区，形成于 19 世纪中期，是德国以及世界知名的工业区，它的核心产业主要是采煤、钢铁、机械制造、化学等重工业，有"德国工业的心脏"之美誉。自 20 世纪五六十年代起，由于资源的枯竭与生态保护的需要，城市发展模式面临转型，鲁尔工业区内大批煤矿和钢铁企业被迫关闭。从 1989 年开始，德国政府出台复兴再造计划，通过合理规划，大面积地保留了原址旧厂房和设施，在此基础上赋予它们全新的功能，并新增一些作品，诸如小到雕塑装置，大到建筑群、城市公园和水系治理等设施。目前，鲁尔工

---

① 张京成."创意经济时代"工业遗产的保护与利用模式[J].新闻文化建设，2020（2）：91-94.

业区已经建成了 19 个工业遗产景点、6 个国家级工业技术和社会史博物馆、12 个典型的工业聚落、9 个由废弃工业设施改造而成的瞭望塔景观。

鲁尔工业区内旅游场景

除了以政府为主导的工业博物馆外，许多跨国公司也纷纷建立自己的企业工业博物馆，将工业博览会与商务旅游结合在一起，通过向客户展示公司的科技成果和历史积淀，增加盈利项目，拓展生存空间，比如德国慕尼黑宝马汽车总部大楼"四缸大厦"。

德国慕尼黑宝马汽车总部大楼"四缸大厦"

美国西雅图波音飞机公司的组装车间,实际上已经被企业打造成为一座工业博物馆。如同到纽约旅游必登帝国大厦一样,到西雅图旅行时,人们就自然会想到去参观波音飞机组装车间。

波音公司的组装工厂(Future of Museum)

2. 工业遗产旅游模式

工业遗产旅游是工业遗产融合创意产业发展的重要模式,是指在废弃的旧工业遗址上,通过保护和再利用旧有的工业设备、生产机器、厂房建筑等,将其改造成一种能够吸引现代受众去了解工业文化,同时具有独特的观光、休闲体验和旅游功能的新方式。这种新的旅游形式主要通过对工业生产过程、工厂风貌、工人生活场景等工业相关场景因素的再现来吸引受众参观、游览与体验,实质上拓展了旅游业的边界。[1]

德国埃森关税同盟工业区,就是一个曾经污染严重的老工业区被改造成为工业遗址公园的成功案例。它每天吸引着成千上万的游客。在这里,游客可以通过当年的工业设施进入地下矿井,亲身实地体验过去采煤的场景,也

---

[1] 解学芳,黄昌勇. 国际工业遗产保护模式及与创意产业的互动关系[J]. 同济大学学报(社会科学版),2011(1):52-58.

可以乘坐昔日的运煤火车进行游览和参加各项活动,这条"工业文化之路"旅游线路成为参观工业遗址的最佳旅游亮点。德国埃森矿业同盟工业区的成功,不仅得到了丰厚的经济收益,也实现了废弃工业遗产的活力再生。

德国埃森关税同盟工业区一角

3. 公共休闲与主题景观公园模式

老旧工业区通常占地面积较大,内部厂址中存留的植物大多年限较长,生态可塑性极强,改造为景观公园模式;或将不具保护及利用价值的废旧工业建筑拆除来降低建筑占地面积,改造为景观绿地,提升绿化率;或将工业建筑进行新的功能置配,更新改造为新的服务设施、娱乐设施、文化设施以及建筑景观等,从而使工业文化与自然景观完美融合,打造成为以工业遗产为主题的景观公园。在更新改造景观公园的过程中,也要注意保存或加入工业元素景观,以达到传承工业文化、改善生态环境的目的。

这种景观公园依托工业遗产,对工业废地上的各种自然环境和人工环境的要素进行统一规划设计,并加以更新利用或进行艺术化加工,引入城市公共活动功能,开辟为市民日常生活休闲的工业遗址景观公园。不仅为市民提供工业文化体验及休闲娱乐、体育运动、科教等多种功能的城市公共空间,而且实现工业废地的环境更新、生态修复、文化重建、经济发展的多重效果。[①]

　　工业景观公园模式开始于20世纪六七十年代，成熟于20世纪90年代。典型案例如美国西雅图煤气厂公园。

美国西雅图煤气厂公园场景之一

美国西雅图煤气厂公园场景之二

---

① 陈博.工业遗产保护的国际经验与我国的实践[J].宁波经济（三江论坛），2013（1）：34-38.

西雅图煤气厂公园是通过运用景观设计的方法对工业废地进行再利用与生态净化打造而成的景观公园。在景区设计上，通过有选择地保留，把剩下的工业设备作为巨大的雕塑和工业遗迹而保存下来。有的机器或被刷上了红、黄、蓝、紫等鲜艳的油漆，有的或被覆盖在简单的坡屋顶之下，改造成为游戏室内的器械，或将工业设施和厂房改成餐饮、休息、儿童游戏等公共休闲娱乐的场所。此外，还有德国鲁尔工业区的北杜伊斯堡景观公园、德国萨尔布吕肯市港口岛公园、德国海尔布隆市砖瓦厂公园、美国波士顿海岸水泥总厂、美国丹佛市污水厂公园、韩国金鱼渡公园等，都是此类模式比较知名的项目。实践证明，通过对工业废地的改造更新，可以成功地促进城市环境的改善，从而有效地推动城市经济的迅速发展，使之成为新的经济增长点。

4. 文化创意产业园区模式

该模式是将传统工业区改造成文化创意产业区，为文化创意产业的发展提供合适的空间。文化创意产业是新兴产业，创业者大多年纪较轻、经济实力较弱，他们利用城市中被废弃的旧厂房或仓库作为创业基地，进而形成文化创意产业的集聚地，为城市的旧区带来了新的生命力。这种模式利用相对廉价的仓库、厂房、机械等工业文明的历史遗迹，将其改造成为创意产业园

纽约市苏荷艺术区场景之一

纽约市苏荷艺术区场景之二

纽约市苏荷艺术区场景之三

或现代艺术区，用于展示现代艺术、大型雕塑、装置艺术等，形成一个新颖而富有活力的经济增长点。

此种模式首先在英美两大发达国家兴起，典型案例如美国纽约市曼哈顿岛的苏荷艺术区。

苏荷原是19世纪工厂和仓库最集中的地区，一个曾经兴盛的制造工业区，衰落后一片荒废的老厂房旧仓库。20世纪五六十年代，一众怀揣梦想却囊中羞涩的年轻艺术家，一场城市发展的利益博弈，一项"以旧整旧"改造政策的出台，终于诞生了一个承旧启新的苏荷区，成就了一个堪称文创鼻祖的艺术时尚地，已成为纽约旅游的打卡地。

5. 综合开发模式

由于传统工业区中厂房的空间排列比较规律、建筑体量比较大，满足将其改造成为大型商业、超市、电影院、购物街等条件，从而建立一个购物中心，采取集旅游、购物、娱乐、休闲于一体的多元化开发模式。这样的更新将为该区域经济提供强大的复苏动力，满足地区发展的需求。同时，保留工业区原有办公楼、行政楼、会议厅等基础建筑，配合发展商业办公，降低商业运营成本，典型案例如奥地利维也纳煤气厂，其中最为知名的是对4个硕大的储气罐的改造利用。这4个容量为9万立方米左右的圆柱体煤气储藏罐，底部置于水中，外部由红色砖墙砌成，高170米，直径约60米。从1899年至1978年一直作为储气罐使用，直到1978年，在维也纳居民从使用民用煤

奥地利维也纳储气罐

气换成天然气后，储气罐被废弃关闭。1995年，维也纳政府决定复苏这个典型建筑。储气罐内部结构改造，只保留了部分外墙和部分屋顶，把每个罐子划分成几个区域，打造成居住、办公、娱乐和购物中心，各个储气罐的商场区域由修建的天桥彼此连通。第一个储气罐被改造成为300间总统套房，第二个被改造成为AAAAA级智能商务楼，第三个被改造成为大卖场，第四个被改造成为娱乐中心。这个工业遗产改造项目已成为维也纳的旅游名胜、地标性建筑。作为世界范围内改造项目的成功典范，吸引了无数建筑设计师到此参观。

4.1.1.2 国内工业遗产保护理论和文化创意实践探索

我国工业遗产起步较发达国家晚，但近年来相关理论研究不断增多，保护与利用实践项目也初具规模。20世纪90年代初，一些设计师和民间艺术家开始探索对工业建筑和工业园区的改造更新，如北京的798、上海的田子坊、广州的中山岐江公园等，在国内外产生了较大影响，引发了国内民众对工业遗产的极大关注。

进入21世纪，我国工业遗产进入了保护和发展的黄金期，政府开始加强立法和管理工作并不断完善，使之走向法制化和制度化道路。

我国历史文化保护文件主要有：

（1）1982年11月全国人大常委会颁布《中华人民共和国文物保护法》。

（2）2003年5月国务院颁布《中华人民共和国文物保护法实施条例》。

（3）2003年11月国家建设部颁布《城市紫线管理办法》。

（4）2004年3月国家建设部颁布《关于加强对城市优秀近现代建筑规划保护工作的指导意见》。

（5）2006年中国古迹遗址保护协会、江苏省文物局和无锡市人民政府在无锡联合召开首届中国工业遗产保护论坛，大会通过了关于工业遗产保护的共识《无锡建议》。与会的专家一致认为：我国城市建设已经进入快速发展期，一些尚没有被认定为文物、没有受到普遍重视的工业建筑物和相关遗存并未得到有效保护，正在急剧从我们现代城市生活里消失。大会强烈呼吁全社会要高度重视对工业遗产价值的认知，全面进行工业遗产的普查与认定评估工作，建议政府尽快编制工业遗产保护专项规划，并将其纳入城市总体规划之内。自从 2006 年《无锡建议》提出后，我国工业遗产保护工作开始逐渐得到普遍的关注，各省市相继展开工业遗产的普查和认定评估工作，并将地方工业遗产保护专项规划纳入城市总体规划之内。

（6）2006 年 5 月，国家文物局向各省区市地方文物和文化主管部门相继签发了《关于加强工业遗产保护的通知》《工业遗产保护和利用导则》《工业遗产价值评价指标体系》等文件，强调各地要把工业遗产保护作为我国文化遗产保护事业中最具重要性和紧迫性的新课题。自此，国内工业遗产保护与利用的学术研究达到高峰，实践成功案例也不断涌现。

（7）2010 年，《武汉建议》和《北京倡议》等地方城市的工业遗产规划的颁布与实施，极大地推动了国内工业遗产保护的制度和体系的建立，为统一工业遗产的保护标准及保护制度的制定奠定了基础，在国内某些典型城市掀起工业遗产保护的浪潮，一些城市相继开展工业遗产的调查与评估工作。

（8）2012 年，中国名城委和杭州市政府共同主办的中国工业遗产保护研讨会在杭州召开，大会达成了《杭州共识》，倡议尽快在全国范围内开展工业遗产的普查工作，并针对我国工业遗产制定行业标准和审批管理的机制。

（9）2014 年，国家工业和信息化部正式建立工业文化发展中心。该中心在工业和信息化部的管理下，运用工业文化的新理念和新方法，围绕工业文化遗产保护和利用、工业设计产业、工艺美术产业、文化创意产业、工业文化遗产项目评估、工业文化遗产保护和利用的模式研究、工业和信息通信业产品及服务质量调查、企业技术创新、名牌和品牌发展策略咨询服务等领域开展工作。

（10）2015 年，国务院正式印发的部署全面推进实施制造强国的战略文件《中国制造 2025》，提出要大力发展工业文化，强调中国工业化进程需要以工业文化作为重要支撑。

近年来，工信部主持普查与认定国家工业遗产工作，2017 年 12 月公布了第一批国家工业遗产名录，2018 年 11 月公布了第二批国家工业遗产名录，并相继发布《关于推进工业文化发展的指导意见》（2017 年）和《国家工业遗产管理暂行办法》（2018 年），指导国家工业遗产保护的相关工作，督促各省开展省级工业遗产普查认定和保护规划工作。

由于国内外工业遗产保护与再利用形成与开发的背景不同,所以保护与再利用的出发点和目的也截然不同,而所遭遇的问题也不尽相同。欧美等发达国家是在工业化、城市化成熟期之后,以复兴产业为目的,综合文化、产业和生态等策略,对城市中的工业遗产采取谨慎态度,有计划、有步骤地开展工作,并没有采取诸如大拆大建和夷为平地等简单粗暴的方式,从而使得许多有价值的工业遗产能较完整地得到保护与再利用。然而,国内工业遗产保护工作的开展,是在城市化快速发展期才开始的,由于产业转型和存量土地开发的巨大压力,造成工业遗存遭到大面积拆除,而对其保护也不过是为应对遗存大量消失而进行的应急性、抢救式保护,尚处于工业遗产保护与开发再利用的较为初级的阶段。

1. 工业博物馆模式

借鉴欧美等发达国家的工业博物馆模式的特征和成功经验,我国也开始在工业遗产保护上引入了工业博物馆的模式。典型案例诸如沈阳中国工业博物馆。

沈阳中国工业博物馆之一

沈阳中国工业博物馆之二

沈阳中国工业博物馆之三

沈阳这座有着"共和国长子"和"东方鲁尔"美誉的城市,是中国乃至东北亚地区规模最大的工业中心城市。中国工业博物馆就位于沈阳市铁西区,总占地面积达8万平方米,其中建筑面积达6万平方米,经一、二期建成通史馆、机床馆、铸造馆、冶金馆、重装馆、汽车馆、机电馆、香港馆、车模馆、铁西馆10个展馆,是辽宁省与沈阳市政府联合打造的当前国内最大的综合性工业博物馆。在博物馆中,我们可以看到多项"工业之最"展物,比如世界最大口径的铸管(直径2.2米)、最大立车横梁铸件(重达115吨)、最大超高压断路器壳体(铝合金铸件,重达2吨)、最薄铸件(仅厚0.38毫米)等等。

同样,也有像欧美国家一样的由企业主导的工业博物馆,比如知名的青岛啤酒博物馆,坐落于青岛市登州路56号的青岛啤酒厂址内,总展示面积达6000多平方米,以青岛啤酒的百年历史及工艺流程为主线,串起了中国啤酒工业及青岛啤酒的发展史,被誉为国内第一家、世界一流的啤酒博物馆。

青岛啤酒博物馆之一

青岛啤酒博物馆之二

通过国内外工业博物馆案例的说明，可以认识到工业博物馆模式能够较好地体现工业遗产的技术、历史与文化价值，有利于提高民众保护工业遗产的意识，是保护工业遗产核心价值的经典手段。[①] 此种博物馆模式与当前中国的政治体制、市场经济发展和社会环境具有良好的契合度，能够产生强大的后发优势。国内外诸多实践也表明，当前工业博物馆发展模式正在经历从单纯工业遗产保护模式向工业旅游开发等配套模式的转化过程。

2. 景观公园改造模式

这种模式借鉴国外成功理论与实践经验，依托工业遗存对其废地上的各种自然环境和人工环境要素实施统一规划与设计，或加以更新利用或进行艺术化加工，并引入城市公共活动功能，为市民提供集工业文化体验及休闲娱乐、体育运动、科学教育、艺术审美等多种功能于一体的城市公共空间，从而实现工业废地的环境修复、生态更新、文化重建、经济发展等多重目标。

国内经典案例如广东中山岐江公园，其原址是广东中山市粤中造船厂废旧地，运用与融合了西方环境保护、生态恢复及城市更新等设计理念，是在工业遗址上改建而成的主题公园，成为工业旧址保护和再利用的成功典范。2001年10月公园建成，公园总体面积11公顷，其中水面面积达3.6公顷，建筑面积达3000平方米。通过有选择地保留工业旧址上最具代表性的植物、工业建筑物和生产工具等元素，并运用现代设计手法对它们进行艺术化处理，将船坞、厂房、水塔、烟囱、龙门吊、铁轨、变压器及各种机器等标志物串联起来，诠释着船厂往日的辉煌和火红的记忆，讲述着一段城市的工业发展史。公园内主要知名景观和建筑有琥珀水塔、骨骼水塔、红色记忆、中山美术馆等。岐江公园项目的成功，可以说是在中国创造了一个尚属全新的城市公园和工业遗产相结合的优秀案例，并获得多项殊荣，比如2002年美国景观设计师协会年度荣誉设计奖、2003年度中国建筑艺术奖、2004年度第十届全国美展金奖和中国现代优秀民族建筑综合金奖等。

---

① 张京成."创意经济时代"工业遗产的保护与利用模式[J].新闻文化建设，2020（2）：91-94.

广东中山岐江公园场景之一

广东中山岐江公园场景之二

通过对此种模式的国内外案例的说明，在工业遗产开发的景观公园改造模式中，我们既要着眼于工业遗产的经济价值，最大限度地实现工业旧地的环境更新、生态恢复、文化重建及经济复兴，同时将工业遗产的改造有机地融入现代市民的公益生活之中，使各个社会阶层群体共同受益。

3. 创意园区开发模式

创意园区开发模式在国内外工业遗产保护与再利用实践中，目前已经发展成为一个主要模式。在这种模式中，诸如仓库、厂房、机械等工业文明的历史遗迹被改造成为创意产业园或现代艺术区，这对于改造城市面貌、优化产业布局、助推社会经济发展具有重要意义。

在新时代城市化大潮中，中国经济发达城市纷纷把打造创意产业园区作为利用工业遗产的主要模式，他们不仅参照了美国纽约苏荷（SOHO）模式，而且融入了鲜明的中国特色，最具代表性的就是北京798艺术区。北京798艺术区曾是前民主德国援助建设的"北京华北无线电联合器材厂"（即718联合厂）旧址，后整合为北京七星华电科技集团有限责任公司。20世纪初，由于北京城市规划改造与产业升级，七星集团将产业陆续迁出，这样就遗留下大量空余厂房，七星集团将这部分闲置的厂房旧址进行招租。因为旧园区具有有序的规划、便利的交通、独具风格的包豪斯式建筑等多方面的优势，立即吸引了众多艺术机构及艺术家们的青睐，他们纷纷前来租用闲置厂房并对其进行艺术化处理，逐渐形成了集画廊、设计室、艺术展示空间、艺术家工作室、时尚店铺、餐饮酒吧于一体的多元文化空间。北京798艺术区成为北

北京798艺术区场景之一

北京 798 艺术区场景之二

京都市文化的新地标和北京旅游的网红打卡地。这里有斑驳的红砖瓦墙、错落有致的机械厂房、纵横交错的钢铁管道、墙壁上绘画的各个时代的标语，使历史与现实、工业与艺术实现了完美的契合。798 艺术区已成为中国文化艺术的展览、展示中心，成为国内外具有影响力的文化创意产业集聚区。

通过国内外案例，我们可以发现工业遗产具有可供创意产业开发的诸多可行条件。以工业遗产为载体大力发展创意产业，非常有利于工业遗产的保护与再利用。工业遗产与创意产业结合，凸显工业遗产作为文化资源的特质，通过文化创意产业形成新的核心价值。

当前，我国的工业遗产保护与再利用的工作任重而道远，在积极推进工业遗产保护的同时，正向着多元化的开发路径前行。

4.1.2 京津冀工业遗产保护理念和文化创意实践探索

虽然京津冀三地地缘相接、地域犹如一体，而且历史源远流长，但由于长期的政治、经济定位的不同，造成目前三地发展参差不齐，工业遗产保护与更新利用形态各异。比较北京、天津、河北省三地的五类开发模式利用率，就会发现北京发展较全面、比较突出，天津工业遗产的再利用模式发展不均衡，目前已有的开发利用案例主要是创意产业园和博物展览两类，而河北省主要集中在创意产业园、遗产旅游、博物展览三类上。总的来说，北京工业遗产开发利用模式最全面、发展均衡，天津与河北利用模式比较单一、比例失衡。

北京，自从改革开放以来，经历了从"快速工业化"到"后工业化"时代的巨大变迁。在全国范围内，北京不仅较早地尝试了工业遗产的保护和利用，而且更率先开展了工业遗产普查和学术研究工作。经过长时间的探索与实践以及借鉴国际经验，北京工业遗产保护与利用已形成自己的开发利用模式。

（1）将工业遗址内合理保留下来的特色工业建筑进行内外部改造与设计，将其打造成为文化艺术基地。具有代表性的范例是798艺术区，利用旧有遗址的包豪斯式工业建筑，将其营造成为工业文化的展示街区与艺术产业的展示中心。

（2）合理保留原有工业建筑，对其内部进行改造、更新与利用，打造成为企业或政府单位的日常行政办公楼或科研院所。具有代表性的案例是北京牡丹电子集团公司，中关村数字电视产业园就是在其原址上改建而成的，通过对其遗留下来的原建筑进行改造，更新其功能，由原本的生产场所改为研发基地。

（3）攫取工业遗产中的最具特色部分，将其打造成为工业博物馆。具有代表性的案例如北京正阳门火车站，在原有建筑的基础上打造成为中国铁道博物馆，完美地保留了原有车站的主体建筑，使北京铁路工业发展史形象而生动地展现在博物馆中。

天津是中国近现代工业发展的摇篮，历史悠久，人才辈出，各类工业遗产众多，且分布相对集中，工业遗产建筑风格多样。

经过长时间的探索与实践，天津工业遗产保护与利用闯出了一条政府引领、规划引导和企业主导的成功之道。[①]

天津工业遗产保护与开发工作，比较国内诸多城市来说，起步比较早而且取得了丰硕的积极成果。2008年天津建立了中国首家文化遗产保护国际研

---

① 任云兰，郭力君. 天津工业遗产保护和利用的探索与实践 [J]. 城市发展研究，2018（10）：140-143，155.

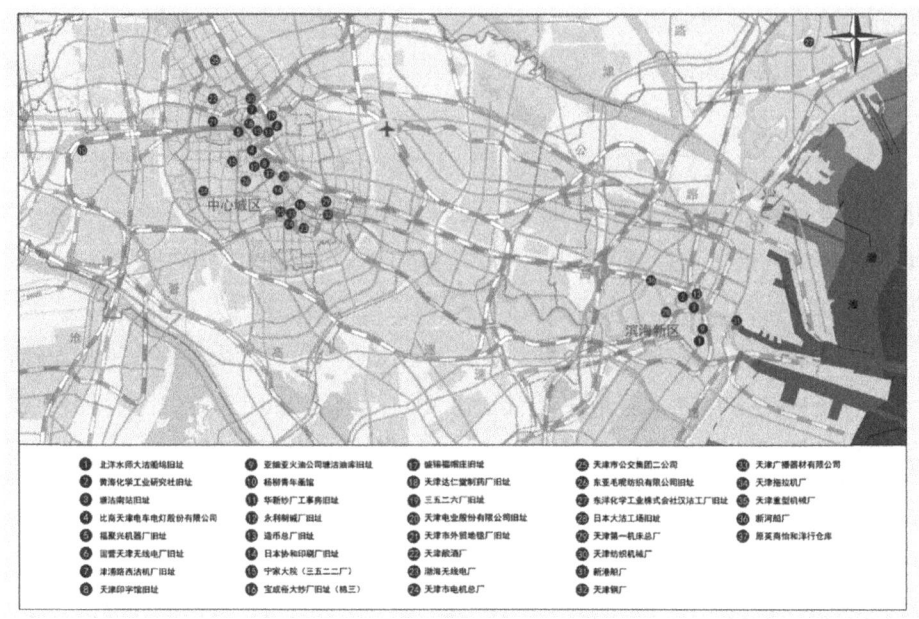

天津市重点工业遗产空间分布示意图

来源：天津市城市规划设计研究院，《天津市工业遗产保护与利用规划》，2016。

究中心，2011年天津对工业遗产进行全面普查，成为全国首举此项工作的城市，从而使诸多具有完整格局和工艺流程的工业遗产得到有效保护，如天津船厂（原北洋水师大沽船坞，全国重点文物保护单位）、天津化工厂（原日商东洋化学工业株式会社汉沽工厂）、天津碱厂（原永利碱厂）、天津五大道小洋楼等，虽然目前尚存在较多还没有得到有效保护或者正等待评估认定的工业遗产，但是可以清晰地看到天津市政府与社会大众都在密切关注工业遗产保护与利用问题。

天津工业遗产具有得天独厚的历史文化价值，它见证着这座城市在近现代化历史进程中的跌宕起伏。当前，在如何开发利用工业遗产的问题上，如何来实现其经济价值与文化价值的统一、赋予工业遗产新的生命，成为天津规划与建设过程中面临的紧迫任务。天津正在积极转变陈旧的思想观念，坚持在保护中开发、在开发中保护的新理念，勇于探索与实践，重点打造"近代中国看天津"的城市文化品牌，凝聚为天津文化价值与经济社会价值的载体，多方诠释天津城市文化中的包容兼收、多元融合和与时俱进的品格。老城厢街区作为明清时期天津的政治、经济、文化中心，通过精心的设计与规划，现已打造成为天津南开区的历史风貌建筑街区。2000年重建鼓楼，2003年配套修建了鼓楼商业街，商业街区内完整保留了文庙、广东会馆等9幢历史风貌建筑。以此为基础，现在整个街区已打造成以鼓楼十字街、民俗旅游商业步行街、文庙低层仿古建筑民居等颇具天津传统文化特征的集民俗商业、餐饮娱乐、旅游购物、民俗文化、特色民居等功能于一体的综合性生活服务区。被誉为"万国建筑博览会"的天津五大道历史风貌建筑区，占地137公顷，拥有400余幢各式风格的民国建筑，建有众多名人故居，是天津"小洋楼"景观最为集中的区域，见证着近代历史的风云变幻。如今整个五大道各种特色购物店与美食店林立，已经成为集现代生活、旅游休闲和商务办公于一体的度假休闲商务区。天津市将位于海河边、天津站附近的原意大利租界和奥地利租界的一部分区域打造成意奥风情建筑区，建筑颇具古罗马风格，拥有众多意式花园别墅，其中包括67幢历史风貌建筑，如原意国领事馆、圣心堂、回力球场、兵营等，还有多处名人的故居，如梁启超故居。天津重点打造的海河两岸旅游休闲观光区，包括津湾广场、天津之眼、海河游船、意式风情区等特色历史文化与现代气息融合一体的现代服务业集聚区。这些工业遗产开发利用是天津城市文化经济的发展、传承与演化，是中华民族优秀传统文化、传统经营模式与近代西方文化和商业文明相互碰撞、相互结合、相互交融的过程。①

河北省工业遗产丰富多样，通过调查和梳理，同时以《河北省第三次全国文物普查重要新发现》《河北省国家级省级文物保护名单》和《中国工业遗产保护名录》为基础开展统计工作，确定河北省现有工业遗产30多处。通过名录归纳可以发现河北省工业遗产区域主要集中在唐山、石家庄、秦皇岛、张家口等城市。

---

① 董智勇，王玉茹.产业结构升级与工业遗产开发——基于天津工业化进程实践[J].中国名城，2015（8）：32-38.

河北省工业遗产现状统计表

地区	主要工业遗产
石家庄	正丰矿工业建筑群、棉一宿舍、棉六宿舍、大兴纱厂旧址、石家庄纺织机械厂旧址、藁城火车站旧址、石太铁路及其相关附属建筑、南横口石太铁路售票处旧址以及翟家庄火车站旧址、岭底胜利扬水站、韩庄扬水站、胜利扬水站、正太饭店、华北制药厂
唐山	开滦矿早期工业遗存、启新1889文化创意产业园、启新水泥厂发电车间、凉水塔、开滦矿务局外籍员29号房、赵各庄矿洋房子、汉斯·昆德旧居及瓷厂办公楼、开滦马家沟砖厂建筑砖生产车间、双桥里东桥、唐山南站、滦河铁桥、华新纺织厂
秦皇岛	华夏酒厂酒窖、京奉铁路汤河桥、耀华玻璃厂旧址、长城煤矿日伪电厂旧址
张家口	张家口探矿机械厂旧址、京张铁路下花园车站、宣化车站、泥河子铁路桥、下花园煤矿工人俱乐部旧址
邯郸	国营邯郸第一棉纺织厂旧址、制氧机厂旧址、成安县良棉厂旧址
保定	河北磨床厂旧址、乾义面粉公司旧址

　　河北省内现存工业遗产分类主要是纺织类、煤炭类、铁路类、建材类和其他工业类型等，其中纺织类工业遗址以1919年筹建的唐山华新纺织厂最为有名，是河北省内第一家机器纺织厂。随着中国早期的机械采煤技术的引进与成熟，河北省凭借优良的煤炭资源优势兴办了开平煤矿、井陉煤矿、临城煤矿等一批重要的煤炭企业，为中国的工业化发展作出了巨大贡献。河北省因其京畿的交通地理位置，是国内修筑铁路最早的省份，唐胥铁路、石德铁路、京张铁路和正太铁路等路线及附属设施成为河北省重要的铁路工业遗产。河北省的启新水泥厂、马家沟砖厂、耀华玻璃厂等一批建材行业，也在中国近代工业化历史过程中发挥了重要作用，成为工业遗产的宝贵财富。

　　在工业遗产保护与再利用呈现出与创意产业紧密相连的形势下，在各地政府大力发展创意产业以及相关优惠扶持政策下，河北省掀起了围绕工业遗产打造创意产业园区的热潮，这其中更多地强调文化创意与工业灵魂的碰撞和结合。诸多实践项目为保护与再利用工业遗产提供了广阔的空间和舞台，工业遗产与文化创意、时代潮流、经济利益紧密结合在一起。如今河北省内二、三线城市，结合城市自身的特殊工业化历史背景和遗产资源，坚持历史价值、文化价值、经济价值和可持续发展相融合的发展理念，去实现工业遗产的保护与再利用，如唐山启新水泥厂在新时期通过将文化、历史和经济元素加以融合，打造出富有城市活力、烙有城市记忆的启新1889创意产业园。

4.2 京津冀一体化背景下工业遗产文化创意开发面临的机遇与挑战

2015年4月30日，习近平主席主持中央政治局会议，审议通过《京津冀协同发展规划纲要》，指出要把京津冀协同发展作为重大国家战略，将京津冀地区打造成"全国创新驱动经济增长新引擎"。2016年2月，《"十三五"时期京津冀国民经济和社会发展规划》开始印发实施，强调在京津冀一体化的国家战略中，把京津冀作为一个区域整体进行统筹规划，努力形成京津冀目标同向、优势互补、互利共赢的发展新格局。

京津冀区域工业遗产的开发与再利用，在宏观上其开发利用的类型大部分为创意产业方向。京津冀区域工业遗产的开发利用模式中创意产业所占比例非常高，说明依托地区经济与文化创意等优势，在原工业遗产基础上改扩建成创意产业园、工业遗址公园有较成熟的模式。根据周雅琴、孙响的《京津冀工业遗产区域化协同更新策略研究》文章中统计，在更新类型（模式）的对比中显示，京津冀三地工业遗产更新差异化明显，工业遗产的保护更新呈现阶梯式空心态势，创意产业尤其是文创产业与工业遗产融合度方面呈现高（京）中（津）低（冀）的差异化水平。主要是由于城市的政治和经济历史定位不同，导致了资源分配的差异化，其中北京具有天津和河北无法比拟的雄厚的人力、物力、信息、科技、企业、环境等诸多资源，资源配给的严重失衡必然导致产业类型发展的失衡，造成三地产业层次落差较大，而工业遗产的更新利用恰恰需要产业经济的有力保障，而此局面在短期内很难发生全局性的改变。

我们还应该认识到，在京津冀协同发展的宏观大背景之下，京津冀三地仅仅对各自的工业遗产进行较深入的挖掘是远远不够的。忽视京津冀区域一体化的文脉和工业遗产的整体认知，必然导致京津冀三地工业文化建设不同步、理念不一致的问题。同时由于缺乏统筹规划与顶层设计，导致区域联动保护利用的管理方式和工作方法上存在巨大差异，并且暴露出一些共性问题。因此，京津冀区域一体化既要以市场为导向合理配置资源，又要三地主观上积极提升协同发展意识，从区域整体大发展与宏观大时代角度考虑工业遗产的更新利用策略，并且随着2018年《国家工业遗产管理暂行办法》的印发实施，国家对开展工业遗产保护利用及相关管理工作进行了明确布局，这将对京津冀区域工业遗产保护与再利用工作起到引领作用。

通过实地调查，我们了解到京津冀工业遗产聚集区主要集中于北京、天津两地，河北省的工业遗产聚集区分布则较为分散，而且数量也相对较少。因此，要实现京津冀协同发展，必须实现区域化联动，形成以京津为中心、唐石保廊为节点、以中心辐射周边、周边拱卫中心的复合发展格局。

《京津冀蓝皮书：京津冀发展报告（2020）》中指出，京津冀三地在协同创新方面取得的成效不断显现，协同创新模式不仅极大地促进京津冀城市群空间的优化与均衡发展，而且促使区域产业分工更加趋于合理，形成以京津为核心、以唐石保廊为节点城市的协同创新网络。京津冀工业遗产区域化协同发展，也应以京津为中心，发挥其引领作用，河北拱卫，协调创新，为京津冀工业遗产区域协同发展注入持续性动力。

第 5 章　京津冀工业遗产保护与文化创意产业融合发展策略及开发模式典型案例分析

2007 年，《奋斗》电视剧热播，其中有一个情节让人印象很深刻，就是男女主人公和几个好伙伴合伙在北京将一个废弃的工厂改造成 LOFT 居住，很快这股热潮席卷中国，年轻人开始倾向于将工业遗产改造，结合文化创意产业开发利用，彰显年轻人追求自由张扬的个性。文化创意产业可以很好地与工业场地空间相结合，工业遗产中蕴含着务实创新、包容蓄积、拼搏进取、追求完美、注重诚信的理性品质，为社会增添了一种永不枯竭的精神气质。若要实现京津冀工业遗产保护与可持续发展，就需要与文化创意产业融合发展，比如可根据工业遗产建筑独特的历史积淀、想象空间和文化内涵，将其改造成文化创意产业园，激发创意灵感，吸引创意人才，积累创意产业，可以进行艺术创作、产品开发设计、科学普及等。

5.1 京津冀工业遗产保护与文化创意产业发展互惠共生系统

5.1.1 文化创意产业的特征与发展

5.1.1.1 文化创意产业的特征

1998 年，英国创意产业工作组首次将创意产业定义为"源于个人的创造力、技能和才能，并通过创造和使用知识产权有潜力创造财富和增加就业的产业"。

具体来说，中国的文化创意产业以工业服务为主体，更注重物质产品。文化创意产业是文化和艺术创意与商品生产相结合的产业，包括表演艺术、电影和电视、出版、艺术和古董市场、音乐、建筑、广告、数码娱乐、电脑软件开发、动画制作、时装和产品设计。创造力强调体验，突出个人情感，表现个性。创意产业的巨额利润吸引投资者，改善城市投资环境，促进城市繁荣，提升城市文化品质和居住环境。创意产业的兴起是产业发展演变的新趋势，它不仅具有智力服务产业的业态，而且具有以下特征作为其标志：(1) 文化创意产业是高附加值、渗透性强的产业。(2) 文化创意型企业的员工主要是知识型员工，有能够激发创意灵感的设计大师和特殊人才。(3) 文化创意产品是文化与技术融合创新的产物，表现出智能化、特色化、个性化、艺术化的特点。[①] (4) 在世界范围内，现代科学技术的发展，特别是信息技术的广泛应用、通信技术自动化技术和激光技术的应用，对文化创意产业带来了革命性的影响，技术应用向行业数字化方向发展，可视化和灵活性提高。(5) 产业组织集群化、网络化，企业组织小型化、扁平化、个性化、柔性化。(6) 企业管理将向信息化、网络化、知识化管理方向发展。

5.1.1.2 文化创意产业的发展

文化创意产业的发展不仅是个人和个体企业的行为，更需要企业的集体互动和地域集中。文化企业、非营利组织和个人艺术家聚集互动，形成独特的集群发展环境。创意文化产业集群具有创意群体的生活与工作相结合、文化产品的生产与消费相结合、多元化轻松的环境、独特的地方文化特色、与世界紧密联系等特点。目前，我国文化创意产业或市场不成熟，需求不稳定，是市场前景十分广阔的朝阳产业，经济效益是非常诱人的，对中国经济的全面协调发展和产业结构的进一步调整会有越来越重要的作用。

中国作为世界制造加工大国，密切关注和深入研究当代世界文化创意产业的发展，准确把握世界产业的发展趋势，具有重要意义。创意产业的知识密集型、高附加值、高融合性对提高我国产业发展水平、优化产业结构具有重要作用。中国有着悠久的历史文化，这为文化创意产业的发展提供了良好的基础。随着中国经济实力的不断增强、国际影响力的不断扩大，文化创意产业在中国的发展前景是无限的。

---

① 新全球化智库. 文化创意产业具有哪些特征 [EB/OL]. http://blog.sina.com.cn/s/blog_3ec0e09d0102dujs.html，2012-01-12.

5.1.2 工业遗产保护与文化创意产业的关系

5.1.2.1 工业遗产保护与文化创意产业结合的机遇

20世纪90年代以来，中国城市进入了以更新和再开发为主导的发展阶段。20世纪早期和中期建立起来的传统工业已逐渐衰落，在这一过程中，工业建筑和工业用地面临着生态破坏、环境污染等一系列社会问题。与此同时，城市社会经济也处于产业布局、类型、结构重构和转型的发展阶段。"退二进三""退二优三"成为许多城市建设特别是旧城改造过程中的主题，而旧城改造的主要对象是大量的工业建筑遗产。

在这个过程中，城市中的工业建筑遗产面临着两种不同的命运，这就是拆除或改造，即使是后者也有其缺点。以上海苏州河沿岸为例，存在着"保持生产功能""变成商业市场""作为文化娱乐场所出租""作为住宅占用"等问题，普遍存在"建筑使用品位低""建筑使用效率低""建筑改造缺乏规划设计"等问题。与此同时，中国创意产业发展迅速，众多的创新人才和文化产业组织集中在大城市，一个相对完整的文化产业体系组成的文学和艺术表演行业、新闻出版业、广播和电影行业、广告和展览行业、古董和艺术品行业已经初步成形。由于行业特点和员工的审美取向以及工作空间的需要，普通的办公楼显然不符合他们的品位，基于这些因素，国内多个工业建筑遗产被改造为创意产业园项目。由此可见，当工业建筑遗产作为创意产业发展的基地时，这些问题就迎刃而解了。[1]

5.1.2.2 工业遗产保护与文化创意产业结合的优势

与其他纪念性建筑相比，工业建筑遗产具有年代短、建筑质量优良的特点。创意经营者的存在和活动通常不会对工业场地造成不可弥补的损害，工业空间让创意人士可以自由地改造空间，体现出充满个性和创意的氛围。工业建筑遗产占地面积大、租金低、空间形式大、结构形式规范、立面造型简洁、历史文化氛围浓厚，正是这些特征满足了创意产业的集聚性、互补性和低经济投入的需求，而工业建筑遗产的改造本身就是一个创造性的过程。两者相结合，既能取得良好的社会效益，又能取得良好的经济效益，符合可持

---

[1] 崇慧. 文化创意视角下我国工业遗产开发研究[D]. 杭州：浙江师范大学，2011.

续发展理念。从综合角度考虑，将工业建筑遗产与创意产业相结合，更符合创意从业者的现代办公生活理念，与普通写字楼枯燥、单调的办公空间相比，具有更大的优势。

5.1.3 工业遗产保护与文化创意产业结合路径

工业遗产从内容上可以分为不可动遗产、可动遗产和非物质遗产。每种类型的工业遗产都可以以不同的方式创造性地发展。可以清洁和修复固定墙壁、梁、窗户等，这是空间和立面的再创造，也可以重塑环境。对于单个建筑，应根据其社会价值、经济价值、文化价值采取不同的改造方式，如全面保留、改造和拆除等。非物质遗产可以通过一定的方式进行记录和展示。

工业遗产与文化创意产业结合会产生诸多收益：一是城市空间效益。创意产业的发展应该是小规模的而不是大规模的拆除和重建，充分利用城市中各种"死空间"，这是保持城市活力的必要条件。二是生态效益。既通过创造性改造保护历史文化遗产，又减少建筑垃圾的排放。三是社会效益。结合创意产业和工业建筑遗产，既保护了历史遗产，又给新生的工业遗产以景观时尚的品位，从而引起公众的注意。四是经济效益。虽然创意产业的产出价值有限，但产业集群的形成所带来的经济效益则是不可估量的。

城市更新不再局限于物质环境和审美视角的改善。现代城市更新追求城市功能和活力的全面更新，激活城市社会和文化，降低犯罪率，创造更多的就业机会，提高城市经济，增强城市竞争力。面对某些历史时期的物质遗存，聪明人总是能透过生锈的表象，看到其中包含的精神气质、价值理想、道德勇气或其他内容，并加以保存和利用。以第一、第二产业为特征的产业社会结构，创造了大量适合巨型机械制造、装配线等生产方式的大型建筑空间，这是由当时生产力的技术水平决定的。大跨度的钢梁和钢柱、高层的建筑空间和良好的采光，都表明工业遗产建筑在某种意义上能够满足现代发展的要求。对于工业遗产来说，它的保护与城市创意产业的兴起和发展正好有着互补的关系。①

---

① 楼小燕. 工业遗产型文化创意产业区的演化研究 [D]. 杭州：浙江财经学院，2013.

5.1.4 共生理论

本书运用共生理论论述了京津冀工业的发展历程和京津冀工业遗产的产生，阐述了京津冀工业遗产的特点。然后，基于共生的视角分析京津冀工业遗产的环境背景，工业遗产单体建筑内部空间和外部空间，工业遗产研究和现状。工业遗产公园的外部空间包括工业遗产公园的空间结构、街道空间、建筑特征、景观标志和人的行为等。单个工业遗产建筑的室内空间包括建筑空间、建筑功能、交通流线、景观标志和人的行为等。"共生"一词在生物学中被创造出来，用来描述两个不同有机体之间的亲密互利关系。随着时代的发展，"共生"的概念存在于艺术、文化、经济、科技等领域。共生理论以日本建筑师黑川纪章的新共生思想为基础，也包括了共生理论在我国旧城改造和工业遗产改造再利用实践中的应用和思考。

5.1.4.1 共生理论的发展

黑川纪章的职业生涯跨越了20世纪60年代的新陈代谢时代和70年代的共生时代。代谢理论相信城市和建筑处于动态平衡中，黑川纪章在这种思想的影响下，整合不同文化和创意转化为一种共生关系，从而导致新的共生。根据黑川在新共生思想中的相关论述，设计要点可以总结如下：（1）人与科技的共生关系。（2）部分与整体的共生关系。（3）人（建筑）与自然的共生关系。共生理论为工业遗产的改造与再利用设计提供了一种新的研究模式。一方面，共生理论可以解决工业遗产与城市中其他建筑的对立、工业园区内某一建筑与改造过程中其他建筑的对立等问题。另一方面，在工业遗产的重建与再利用中，应考虑如何运用以人为本的技术，如何实现工业文化与其他文化的共生，如何协调工业遗产与自然环境的发展。也就是说，利用共生理论来指导工业遗产的转型与再利用，推进工业遗产多元共生的发展模式，建立一种新的、高效的、以人为本的工业遗产转型与再利用设计方法。①

5.1.4.2 基于共生理论的工业遗产保护创新研究

李增军等人针对黄浦江滨江工业遗产方面的城市规划、城市设计水平和工业遗产保护的本体描述了工业遗产的改造和重用"共生"策略。城市规划

---

① 李彦瑾. 共生视角下的工业遗产改造再利用研究 [D]. 成都：西南交通大学，2018.

水平应调整滨江函数和优化土地利用，加强建设相应的保护政策，建立公众监督机制。在城市设计方面，强调滨水环境与工业遗产的共生关系，以改善滨水景观的空间设计。在工业遗产保护方面，通过功能置换实现新功能与周边环境的互惠共生。通过合理的改造和再利用方法和技术，创造舒适的工业遗产外部和内部空间，实现人与技术的共生。[①]梁玮男、李忠宏基于共生理论，提出了工业遗产改造与再利用的"共生"策略：（1）保护和延续工业文化，实现工业历史文化与未来的共生；（2）挖掘再利用价值，进行适宜性转化，实现改造与再利用的共生；（3）整合政府、艺术家等不同发展主体，实现不同发展主体的共生；（4）在转型过程中注入新的功能，实现不同功能之间的共生；（5）在建设过程中对原有功能进行改造，赋予新的功能；（6）在将历史区内工业用地转化为多种属性的混合用地、实现不同属性的土地共生时，根据情况采取不同的改造和再利用方式，实现新旧共生。[②]阎波等基于共生理论提出了产业遗产的共生策略：（1）融入城市空间结构，实现"部分与整体"共生；（2）采用土地混合利用模式，植入办公、休闲、娱乐、观光、餐饮、购物等功能，实现"不同功能"的共生；（3）整合有空间特征的工业遗产，尽量保持原有的建筑结构、工业遗产的元素和符号，并在此基础上，使得工业遗产实现新老建筑之间的共生和历史与未来的共生；（4）加强景观环境的塑造，营造宜人的公共空间，实现人与自然的共生。[③]

5.1.4.3 基于共生理论的京津冀工业遗产保护创新研究

19世纪末英国提出的"工业考古学"里提出了工业遗产的概念。2003年颁布的《下塔吉尔宪章》中，国际工业遗产保护委员会界定了工业遗产。相比于国外，中国对工业遗产的研究起步是较晚的，但发展比较迅速。近几年，中国工业遗产的研究已突破了景观设计和建筑学的桎梏，学科合作加深。

---

① 李增军，曹永康，侯实.黄浦江滨江工业遗产保护的共生策略[J].华中建筑，2010（6）：146-149.

② 梁玮男，李忠宏.关于产业遗产保护与再利用的"共生"策略研究[J].国际城市规划，2010（4）：67-71.

③ 阎波，张宇明，谭文勇."共生"理论在山地工业遗产保护中的应用[J].建筑与文化，2014（7）：118-119.

近年来国内外已重视工业遗产的价值，国内兴建了一些关于工业遗产的文创园，逐渐在工业遗产保护与开发上有所创新。虽然发展文化创意产业的利益显著，但由于创意产业与工业遗产保护有机结合的相关理论研究的欠缺和实践研究的本土化程度不足，导致在实际运营中出现了很多问题。

1. 京津冀工业遗产

京津冀工业遗产是京津冀地区工业化发展过程中留存的物质遗产和非物质遗产的总和，是在科技、历史、文化、艺术、经济等多方面具有一定价值的工业遗产遗存。它们见证了京津冀地区工业景观所形成的无法替代的城市特色，对于提升城市文化品位、维护城市历史风貌具有特殊意义。但是随着创意产业与工业遗产之间的结合日益紧密，一些单位缺乏对工业遗产文化内涵、历史内涵的深入挖掘，将内外空间简单整治一下就对外招租，经济效益成为追求的第一目标，文化和社会价值被冷落一旁，工业遗产再利用俨然成为房地产开发的"挡箭牌"。调查表明，在一些改造再利用项目中，还存在过度开发的问题。京津冀一些老厂房被精装修了一遍，地面全部使用大理石铺装，完全看不出老厂房的影子，工业的意象仅仅靠弄一些钢管雕塑来提示一下，已经面目全非。这种改造属于"用力过猛"，"过度设计"导致工业遗产的二次破坏，历史文化价值消失殆尽。

研究发现，京津冀工业虽很发达，有很多中国历史上的"第一"，比如中国第一条标准轨距铁路、第一台蒸汽机车、第一袋水泥、第一件卫生瓷等，但京津冀很多宝贵的工业遗产却没有得到很好的保护而被拆除。比如一提起石家庄的纺织工业遗产，不得不说到大兴纱厂。大兴纱厂是石家庄纺织业中最早的现代化企业，对石家庄纺织业由手工业向近代大机器生产发展有着不可忽视的推动作用。然而正是这处蕴含丰富宝贵价值的工业遗存，却因为没得到有效及时保护而消失了。2008年8月中旬，大兴纱厂旧址的一座两层欧式办公楼和原锅炉房被匆匆拆除，其后一座毛主席塑像也被拆除，石家庄失去了一处重要的纺织工业遗存。

京津冀工业遗产的研究与价值评估中还存在忽略工业遗产科技价值的问题，造成了许多工业遗产"标志性"建筑得以保留而工艺流程未被保护的现象。以天津碱厂为例，其制碱工艺在我国化工史上具有开创性价值，然而整条生产线除最高的建筑白灰窑外已全部拆除。

2. 文化创意产业

文化创意产业被视为 21 世纪最有发展前景的产业，已经成为新常态下我国经济增长的强力助推器。它是一种在经济全球化背景下产生的以创造力为核心的新兴产业，强调一种主体文化或文化因素依靠团队通过技术、创意和产业化的方式开发、营销知识产权的行业。对于增强城市文化竞争力、提升产业发展水平、优化产业结构具有不可低估的作用。

保障文化创意产业发展的基础是土地、资金、人才等要素。发展文化创意产业要加强土地、资金、人才等要素保障，确保文化创意产业高速增长的发展态势。工业遗产与文化创意产业的结合，利用的是老工业建筑的钢筋铁骨，将其工业特点与现代建筑艺术相结合，保护其原生态感，又注重柔性艺术细节处理，使新旧空间自然过渡。

3. 京津冀工业遗产保护的最佳模式是与文化创意产业的融合

文化创意产业可以推动工业遗产可持续发展。文化创意产业创造活动的基础是尊重历史文化创造的成果，从过去的创造过程中汲取灵感，进行再创造。京津冀工业遗产保护的最佳模式是与文化创意产业的融合，比如北京 798，作为工业遗产和文化创意产业融合的成功典范，798 通过对旧厂房的合理利用，不仅使它的历史文化价值得以保留，而且还赋予了时代意义。再比如唐山启新水泥厂，唐山启新水泥厂是我国第一家机械化生产水泥的企业，是市级文物保护单位，在企业整体搬迁后，在原址上建立了中国水泥工业博物馆及启新 1889 文化创意产业园，实现了专题博物馆与文化创意产业的结合。

5.2 北京案例

5.2.1 北京 798/751 艺术区

5.2.1.1 798/751 艺术区简介

2001 年，在北京市相关委办局、朝阳区委区政府与北京电控集团的推动下，由七星集团（北京电控集团下属企业）对位于电子城地区的七一八厂的旧厂房进行改造，逐步形成了 30 万平方米的 798 艺术区。

2007 年，在北京市政府的关怀下，将中国服装设计师协会引入北京正东集团，利用政府能源结构调整退出运行的煤气厂区，工业资源再利用，发展文化创意产业。2007 年 3 月 18 日，751D·PARK 北京时尚设计广场正式揭牌，形成了 22 万平方米的 751D·PARK 北京时尚设计广场。两个文化艺术园区，一个主打当代艺术，一个主打设计创意。它们组合的存在，让这组古老的工厂代码取代了原本的地名"大山子"，成为北京潮流艺术的代名词。

798 艺术区靠近北京的四环，交通方便，有大型现代包豪斯风格的建筑。无论是地理位置还是空间环境，与其他艺术区有无可比拟的优势，在短时间内发展迅速并产生巨大影响。798 艺术区有吴冠中艺术中心、圣之空间、蔓空间、以色列商务与文化中心、波斯艺术中心等机构，分别经营艺术家作品、举办沉浸式艺术展、特色工艺品。大名鼎鼎的北京 UCCA 尤伦斯当代艺术中心，观看毕加索早中期作品展的观众几乎每天都要排队进场。[①] "798" 通过当代艺术、建筑空间、文化产业、历史文化脉络和城市生活环境的有机结合，发展成为一种文化概念，吸引着各类专业人士和普通大众，影响着城市文化和生活空间的概念。有来自法国、意大利、英国、荷兰、比利时、德国、日

798 艺术区涂鸦墙

---

① 人民日报海外网.北京：798/751 艺术设计园区热力持续上升 [EB/OL].http://m.haiwainet.cn/middle/3543605/2019/0726/content_31599616_1.html.

本、澳大利亚、韩国、中国等国家和地区的文化机构 400 多家。现已成为中国文化艺术展览中心，成为国内外具有影响力的文化创意产业集聚区。在老工厂的改造中，总是保留着墙上的政治标语和各种带有历史痕迹的元素，形成具有国际色彩的"LOFT 生活方式"，吸引了相当多的关注。①

798 艺术区是许多艺术家在进行自己的艺术活动时的集体创作。它不仅是大师或著名设计机构的规划设计成果，反映了工业建筑遗产自发、自我更新和改造的过程，而且尤其具有时代价值。大多数工作室都被改造成阁楼空间。艺术家根据自己的创作需求对空间进行调整，使优化后的建筑空间能够满足工作、创作甚至生活的需要。艺术家参与旧建筑的改造为我们提供了一种新的思维方式。通过艺术展，让更多的人了解历史建筑的价值。

751 艺术区主题仍是创意、艺术。相比 798 的小情怀艺术，751 艺术区的时代印记更浓一点，更多的是钢铁结构，以及大机器，将建筑支架、钢结构裸露在外面，非常有魅力。751 是一个老的工业园区，现在已经非常时尚，每年都有时尚设计周在这里举办，在这个园区工作的也大都跟艺术有点联系。751 的火车头广场是一大亮点，老式的火车还有站台会让人们想起曾经的岁

751 火车餐厅

---

① 搜狐网.国内那些由旧厂房改造成的著名文创街区都怎么做的 [EB/OL].https://www.sohu.com/a/393659798_505583.

月。3D 博物馆，用手机就可以拍出动态的效果。Cafe Flat White 的咖啡深受年轻人的喜欢，也做咖啡培训，游客路过此地一股香香咖啡豆的味道迎面扑来，非常有情调。

5.2.1.2 798/751 艺术区文创典型代表

1. 老炉区广场

751 老炉区有四个烟囱安静地耸立着。它们与身后的裂化炉和管道交织在一起，形成了一组气势磅礴的工业雕塑。旧炉区建于 20 世纪 70 年代，记录了煤气生产的焦炉时代和裂解时代。改造后，炉区广场肩扛着大量的时尚创意、表演和展示工作，成为开展大型文化创意活动的重要场所。夜幕降临，在景观灯光的映衬下，炉区显得更加雄伟、高大、绚丽、梦幻。①

老炉区广场夜景

（1）79 罐 TANK ZONE。这是北京市煤气生产历史上第一座低压湿式螺旋式大型煤气储罐。在大罐内部可以看到，巨大的圆形会场直径有 67 米，钢铁内壁经特殊处理后，依然保留着铁锈的颜色，工业的气息弥散于整个空间，

---

① 北京朝阳 798 艺术区（大山子艺术区）旅游景点介绍 [EB/OL]. http：//www.360doc.com/content/14/1105/15/18892371_422722233.shtml.

这里已经成为展示多种活动的时尚场所,分为五个部分,上升后最高端可达68米,总容量可达15万立方米,被称为小"鸟巢"。北京79号罐区,总面积为3300平方米,梁下最低高度约9.4米,有四个出入口和不超过6吨的平均应力吊装点。地面用水泥,墙面用钢板,是在751厂储气罐的基础上进行改造的。始建于1979年,是老工业资源的二次利用,2007年正式投入使用。它有一个大型停车场,可以直接从酒仙桥北路的751D·Park北京时尚设计广场入口或通过798艺术区二路进入。79罐,会议室可容纳450人,适合剧院的布局。这里曾举办北京梅赛德斯-奔驰中国国际时装周的时装设计展,是一线品牌的指定促销区;这里是大工业时代古老与现代时尚的完美结合,备受各大国际品牌的青睐;这里是北京时尚地标,从不缺少艺术氛围、关注焦点和创意灵感。

79罐 TANK ZONE

(2)7000立方米储气罐。7000立方米储气罐,直径24米,曾在燃气生产线上树立不朽丰碑,停止运行后,因框架结构代表性很强,吸引了众多时尚界人士的光顾,这里是影视艺术展示交流的场所。

7000 立方米储气罐

（3）设计师大楼。设计师大楼位于北京服装设计广场，建筑面积 47000 平方米，地上 6 层，地下 3 层，可提供从 100 平方米到数千平方米大小不等、各具特色的展览展示空间。层高 8.2 米的 LOFT 空间提供了品牌传播的平台。设计师大楼是工业美学的创意空间，将与设计相关的作品汇集在这里展示、发布，以创意、时尚、高端为主流，以典雅、简约彰显艺术设计魅力的汇聚场所。①

---

① 迟海鹏. 艺术区现状研究——以北京 798 艺术区为例 [D]. 北京：中央美术学院，2014.

设计师大楼

2. 悦·美术馆

悦·美术馆位于798艺术区核心地带,总建筑面积约2600平方米,于2012年完工。这个开放式车间最初建于20世纪80年代,主要由预制屋顶桁架结构组成。这原是798工厂的一个很普通的车间,在对798艺术区核心区域的改造中,它被改造成一个专注于展示当代艺术的画廊。纯白色的建筑内衬与旧厂房外墙形成鲜明对比,让它散发出新的活力。

悦·美术馆外部

在12米高的厂房空间中，为了最大限度地利用展览空间，商业服务空间被插入展览空间中，商业空间主体被反射在外墙的窗洞上。自由插入的商业空间和展示空间形成了一个相互作用的空间。展示空间既保留了场地和视觉的最大化，又产生了更加戏剧化的效果。这样，观众可以穿过商业空间，到达不同的空间层次。

悦·美术馆内部

商业空间融入展览空间，逐渐渗透到管状空间。内部设计为纯白色，从整体上更好地反映建筑空间本身的特点，但这并不能满足所有的需求。在商业展览和艺术展览的同时，也切断了从两个不同的属性空间的对话与交流。在白色的基础上的商业空间的外墙设计梯度洞，使商业体的管状空间体逐渐清晰起来，使商业空间与艺术空间的交流成为可能。同时，交流的纯净也是对艺术展览的最小干扰。原本被白墙包围的空间实体有了一种全新的半透明材质感，观者在不同空间的运动影像中有不同的感受。[①]

3.伊比利亚当代艺术中心

伊比利亚当代艺术中心位置相对偏僻，与798艺术区主要入口有一定距离，不在798艺术区主要道路上，也不在798艺术区轴线上。该建筑位于

---

① id+c室内设计与装修杂志.悦的生活——北京798艺术区悦·美术馆[EB/OL]. http://www.idc.net.cn/alsx/zhanshikongjian/a_111069.html.

老工厂的较深处，周围环绕着其他的老工厂。因此，建筑也表现出一种隐静的性格。原大门处粗大的管道阻塞了入口，不仅使建筑部分覆盖其表面，而且使新装修的建筑立面与周围的老工厂串联在一起。该地原总建筑面积达到3000平方米，其中最大厂房面积约1000平方米，净高11米。改造设计的理念是在最大限度保留工业建筑外观的基础上，将现有零散的建筑改造为综合的艺术展示空间。沿着街道立面引入了50米长的砖墙，使原本分散的三座旧厂房形成了完整而连续的立面。新建筑立面不仅是旧建筑立面的替代，而且是通过建筑形式和构造与旧建筑对话。立面砖墙采用相同的马赛克图案，只是下部有细微的变化。

伊比利亚当代艺术中心外部

除了保留原有的墙体，高大的空间增加了几个新的功能体块，除了展览空间，还有办公空间、图书馆、报告厅、咖啡厅和艺术书店。在原有的厂房建筑元素中，天窗提供了良好的采光条件。在这个大空间的尽头，是办公区和媒体展示区。①

---

① 韦峰. 在历史中重构：工业建筑遗产保护更新理论与实践[M]. 北京：化学工业出版社，2015.

伊比利亚当代艺术中心内部

5.2.1.3 798/751 艺术区未来文创趋势

798/751 艺术区是北京的文化地标之一，通过建设文化创意园区，振兴工业遗产。现在文创发展面临的问题：

（1）工业区的保护与更新已成为城市发展中的重要问题，798/751 艺术区正面临着新一轮的升级需求。

（2）798/751 艺术区以文化资源为主，文化旅游产业转型程度低，产业链短。

（3）798/751 艺术区旅游产品形式单一，基础设施和公共服务不完善。

（4）近年来艺术家与艺术机构的比例相对下降，影响了 798/751 艺术区旅游业的发展。

综上所述，缺乏战略规划和专业管理阻碍了 798/751 艺术区产业化发展，不断上涨的租金赶走了艺术家和艺术机构，削弱了文化旅游的吸引力。[①]

798/751 艺术区未来文创发展策略和趋势：

（1）新的发展方向。完善 798/751 艺术区税收优惠政策，对文化创意设

---

① 崔婷.工业遗产旅游原真性体验研究——以北京 798 艺术区为例 [D]. 鞍山：辽宁科技大学，2019.

计服务企业减税,拓展 798/751 艺术区产业化发展路径,发展展览和艺术品交易、艺术创作,推广创意家居、服装设计等行业,开发 798/751 艺术体验系列旅游产品,如创意店、创意市场、艺术咖啡、艺术画廊等旅游产品。

（2）转换设计。在保留工厂原有历史文化和建筑风格的前提下,进行适应性的再生改造设计。在转型过程中,必须加强 798/751 艺术区内外的标识系统和公共设施建设。

（3）合理宣传改造后的发展。提升 798/751 艺术区管委会的管理职能和权威,整合政府、企业和艺术家,完善 798/751 艺术区"三位一体"的管理体系。[①]

5.2.2 首都钢铁公司

5.2.2.1 十一届三中全会后的首钢

党的十一届三中全会以后,首钢迎来了新的发展时期。1994 年,首钢产量跃升至 824 万吨,居全国大型钢铁企业之首。1996 年,首钢集团正式成立。随着首钢的发展,在带动经济发展的同时,一些负面因素也逐渐显现,最直

北京首钢

---

① 中国工业新闻网.798 艺术区,从工业遗产到文化创意园区的转型升级 [EB/OL]. http://www.cinn.cn/gywh/201907/t20190729_216229.html.

接的就是首都北京的空气污染。根据中国环境科学院的一项研究，2003年北京城市PM_{10}排放量为71783.9吨，首钢排放约为18000吨，约占23%。同时，从企业自身发展的角度来看，石景山距离深水码头较远，相应的物流成本增加，难以形成竞争优势。此外，它不符合首都北京的发展战略。由于水资源的限制等原因，重新安置和寻求新的发展机遇成为首钢的必然选择。2005年2月，首钢搬迁计划获国务院批准。2005年7月，首钢炼铁厂5号高炉正式关火，首钢北京地区开始搬迁。2011年1月，首钢石景山工厂停产，标志着首钢在北京91年的钢铁生产历史结束。

5.2.2.2 首钢文创发展环境分析

抓住冬奥会的历史机遇，加快北京老工业区的崛起。整合区域优势、空间资源和创新的元素，大力促进文化、生态、工业复兴，努力开创一个新的里程碑式的首都城市复兴的新时代。首钢的北京园区正成为奥运会推动城市发展和振兴老工业区的生动例子，冬季奥运会组委会安顿下来，冬奥会滑雪跳台的建设已经完成。国家体育总局与首钢共建国家体育产业示范区，投资建设了四个冰雪场馆和其他冬季奥运会训练场馆。首钢成为北京冬季奥运会的官方顶级合作伙伴。巴赫主席称赞北京首钢工业园区的改造是一个奇迹，是城市规划和更新的一个"令人惊叹"的例子。世界华侨商业创新中心、新首钢国际人才社区、海外院士专家北京工作站、全球新产品发布中心、中国首个5G智能示范项目相继落地。2019年9月29日，沿长安街向西横跨永定河的"新首钢大桥"正式通车，开启了北京西大门。

首钢在京津冀协同发展中发挥了示范引领作用，是北京市和河北省政府实施国家战略的平台和载体。首钢集团曹妃甸园区以非首都功能搬迁为重点，产业预创作区、生态城预创作区等各项工作迅速推进。曹妃甸新城被住房和城乡建设部评为"十大绿色科技示范工程"。首秦公园按照"中国汽车体育文化示范基地"的定位，实施"秦皇岛首钢赛车谷"等项目，打造高端发展平台。围绕着城市的发展、人民的需要，努力构建城市综合服务提供商。首钢生物质能源科技有限公司有世界上最大的单体放入垃圾焚烧项目、第一个国内静态交通发展示范基地、国内独一"公交停车设备制造许可证"、第一个国内机场PPP示范项目、教育部第一批示范"预制结构产业基地"。北京市副城市中心综合行政办公管理服务平台、日照海水淡化等项目不断出现，对商业模式起到了引导作用。体育文化产业方面拥有篮球、乒乓球、冰球、棒球、垒球5支高水平队伍，以及首钢篮球中心、首钢体育大厦等优质资源。①

5.2.2.3 首钢文创发展分析

在产业遗产转型升级过程中，要注重与文化的结合，在充分调研的基础上，充分挖掘、利用和推广产业文化，保护和改造产业文化。这样，既保留了主要工业的建筑遗存，又赋予其新的功能，注入了新的工业文化活力。在保留原生态文化的基础上，重点关注工业遗址的遗存文化和城市现代化快速发展的文化观念的结合，进而产生新的文化元素，并随着新的文化元素的发展，赋予传统工业遗产新的文化活力，从而实现两者的有机结合，促进工业遗产的转型与可持续发展。

首钢是一家有着100多年历史的老国有大型钢铁企业，有着自己的文化遗产和深厚的文化底蕴。因此，在重新定位和转型的过程中，如何将历史悠久的工业文化与现代文化形成有机结合，是首钢转型过程中的关键问题。

首钢园区

因此，在转换的过程中，首钢重视建筑品位和地理特征的结合。首钢工

---

① 首钢集团公司简介 [EB/OL].https：//www.shougang.com.cn/sgweb/html/gywm/.

业区拥有面积较大的小型独立社区，包括超市、剧院、雕塑园、宿舍、群明湖、湖岸，首钢工业区的位置附近区域和周围社区的居民与城市生活和城市功能密切相关。所以，它的改革体现了大的钢铁行业对工业遗产的转换利用率，实现了与城市的有机结合。在工业遗产开发改造过程中，首钢将原遗址所包含的工业文化、钢铁科普、绿色环保、现代艺术、观光旅游、爱国主义教育等主题内容融合在一起，并通过了首钢工业遗产开发改造。据统计，目前首钢工厂已采用实用新型技术两百余种，实现了传统工业遗产与新文化技术的结合。

首钢二通厂发展成为中国动漫产业城，项目功能是形成服务导向，引导、推动我国动漫产业、游戏产业的发展。该动漫游戏城是一座集动漫产业发展、创作、生产和贸易于一体的动漫产业园，建有主题公园、流通贸易区、产学研孵化区、公共商业的规划建设服务区、数字办公区、酒店住宅及商业生活配套服务区等区域。虽然都是建立在现代文化的基础上，但首钢二通厂是一个建于新中国成立初期的大型国有企业，其厂房有着大工厂的工业文化和沧桑。这些工厂建筑具有不可复制的特点，如果全部拆除，将是工业文化和历史的巨大损失，因此最终的设计方案是改造并保留部分旧厂房。设计理念强调了旧工厂的新旧结合，主要体现老工厂的工业文化气息，辅之以咖啡馆、书店等文化氛围强大的新兴产业，从而实现与文化的有机结合。今天，中国动漫产业城已经开始吸引和引进部分文化创意企业。

总体而言，首钢工业遗产转型升级，重点打造后工业文化体育创意基地，体现传统产业的文化记忆与时代文化相结合，突出新旧相结合的理念。因此，文化建设在中国工业遗产转型中不可忽视。只有文化建设，才能保证城市记忆的有效保留，才能带动更多新兴产业的发展，这一理论在国内外被广泛接受。工业遗产是人类社会发展的历史见证之一，是人类特有的文化资源。工业遗产的精神呈现出多样性，包括民族精神和人文精神。人文精神可以说是人类文化的基础，是人类文化活动的灵魂，反映了一种文化的自信，其内涵体现在整个人类文化的发展过程中。今天，中国的人文精神对我国人民是重要的。对于塑造民族精神、促进社会和谐进步、实现中华民族伟大复兴，都具有重要的历史意义和现实意义。在对首钢工业遗产的改造过程中，保护了大量的实物材料，这些材料不仅会唤起新老首钢人的时代记忆，也会唤起全社会重视保护和利用这一闪耀着人文精神的工业遗产。①

5.2.2.4 首钢西十筒仓园区文创改造

首钢西十筒仓园区作为首钢老工业基地景观与设施最典型、最具特色的区域之一，西筒仓区改造与再利用将成为首钢新高端工业综合服务区启动与发展的重要里程碑。第 24 届冬奥会，将于 2022 年 2 月 4 日至 20 日在北京市和张家口市联合举办，在西十筒仓设有冬奥组委办公地，这里背山面水、高炉林立，现代工业文明和奥林匹克精神将在这里碰撞交流。

西十筒仓项目利用原铁厂仓储设施，将其改造为以人居环境为主题，集产业、休闲、旅游、文化活动于一体的创意主题公园。改造后的地上建筑面积约为 2.58 万平方米，包括 6 个筒仓和 1 个料仓组合的创意办公空间。

这些工业遗产共同构成了该地区丰富的空间肌理，并为改造、利用和展示提供了多种空间可能性。在利用中，筒仓高空间的中转站被划分为内部灵活的空间，并转化为"LOFT+办公"模式。

首钢西十筒仓园区

---

① 搜狐网. 人文精神是一种文化的自信 [EB/OL].https：//www.sohu.com/a/299739836_679625，2019-03-07.

总体规划如下：（1）与周围道路及高速公路相呼应；（2）形成两个主要休憩空间，兼具城市宣传和生态景观；（3）将当代工业遗产作为重要的视觉焦点；（4）使用现有的纹理创建自然和多样的景观和视线。规划设计由西向东依次为入口展区、本体办公＋展区、运动体验区、生态景观区、多媒体互动区。

在工业遗产建筑的改造设计中，设计师遵循原真性，既表现出对现有工业遗产的最大尊重，又形成全面、清新的建筑立面和空间。在此基础上，保留原有的主要空间系统，作为办公、会议、展览、展区等主要功能空间。在目前的场地空间设计中，利用部分铁路和小火车头，创造了一个森林下休憩、生态雨水收集的工业素描特色展示空间，可以满足数百人的户外活动和新闻发布需求。

改造后的筒仓不仅保留了原有的建筑特色，而且被赋予了新的功能。将原来的"炼钢场"变成了一个独具特色的"创意广场"，打造具有传承与文化的主题空间。空间建设适应文化主题，充满历史叙事，增加互动的参与，使人身临其境，感受人类的历史。同时，围绕这一主题开展场地的布局规划、建筑设计、景观速写。在风格上，符合场地的历史和历史风格，既能创造完整的故事场景，又能吸引人，给人留下深刻的印象。整个西十筒仓被认为是一种大规模的工业景观雕塑，它被当作一个连续的、有故事情节的观光系统和一个三维的花园空间，传达中国的独特的工业遗产文化。[1]

5.2.3 北京珐琅厂

5.2.3.1 北京珐琅厂简介

北京珐琅厂被划定为国家第三批工业遗产。工业遗产地址在北京市东城区。主体建成于20世纪50年代。现存的工业遗产有：原职工食堂；制地机、鳔丝机、手摇梭子机、滚床、烧活大炉、冲压机等机械设备；反映不同时期景泰蓝生产工序（制胎、掐丝、点蓝、烧活）的工具；1956年公私合营原始

---

[1] 喻雪. 我国工业遗产改造利用中的价值阐释与展示研究 [D]. 北京：北京建筑大学，2017.

登记资料、钱美华大师人事档案及设计原稿、珐琅厂老艺人作品拓片等历史档案；景泰蓝制作技艺。

5.2.3.2 北京珐琅厂文创发展

"一件景泰蓝，十件官窑器"，景泰蓝又称"铜胎掐丝珐琅"，属宫廷文化，距今已有600多年的历史，是中华民族优秀独特的传统技艺。景泰蓝以其玉石般的温润，珠宝般的光泽，瓷器般的细腻，金银般的灿烂，被称为北京工艺美术四大名旦之首。它是最具北京特色的传统手工艺品之一，它采用金银铜及多种天然矿物质为原材料，集美术、工艺、雕刻、镶嵌、玻璃熔炼、冶金等专业技术于一体。古朴典雅，精美华贵，具有鲜明的民族风格和深刻的文化内涵，被称为国宝"京"粹。适用于鉴赏收藏、高端政务、商务礼品、产品包装、宗教用品、日常生活用品、室内外建筑装饰工程等。①

北京市珐琅厂有限责任公司的前身是北京市珐琅厂，成立于1956年1月，由42家私营珐琅厂和专为皇宫制作的造办处合并组成。郭沫若同志为其题写了厂名。公司是全国景泰蓝行业中唯一的一家中华老字号，2006年文化部指定的国家级非物质文化遗产——景泰蓝制作技艺保护传承基地，2011年11月公司被文化部评定为国家级非物质文化遗产生产性保护示范基地，全国生产经营景泰蓝最具权威的专业企业。企业产品代表了当代我国景泰蓝发展的最高水平，引领着景泰蓝的发展方向和潮流。2012年6月建设了我国第一个景泰蓝艺术博物馆。公司集景泰蓝产品研发制作、工艺展示、精品欣赏、参观购物于一体，是全国最大的景泰蓝研发、生产、销售基地，北京市外事接待单位，北京工艺美术院校实习培训基地。"京珐"品牌是景泰蓝行业的第一个知名品牌、北京市著名商标。2002年11月改制为北京市珐琅厂有限责任公司。②

作为全国景泰蓝行业中的龙头企业，1963年北京市珐琅厂编制了《景泰蓝工艺操作规程》和《工序质量标准》，使景泰蓝行业第一次有了文字标准，

---

① 国宝"京"粹——景泰蓝 [EB/OL].http: //www.oldkids.cn/blog/view.php?bid=944591.

② 百度百科. 北京市珐琅厂 [EB/OL].https: //baike.baidu.com/item/%E5%8C%97%E4%BA%AC%E5%B8%82%E7%8F%90%E7%90%85%E5%8E%82%E6%9C%89%E9%99%90%E8%B4%A3%E4%BB%BB%E5%85%AC%E5%8F%B8/6703893?fr=aladdin.

这是景泰蓝手工业从经验生产迈向标准化生产的一个开端；1986年12月，北京市标准计量局发布实施了由北京市珐琅厂起草的《景泰蓝工艺品企业标准》；1996年3月北京工美集团、北京市珐琅厂起草，同年6月由中国轻工总会发布实施了《中华人民共和国景泰蓝工艺品行业标准》。从此，景泰蓝行业有了统一的产品质量标准，使景泰蓝的生产逐渐走向科学化管理。

多年来，珐琅厂以其产品的研发优势、上乘的质量和浓厚的文化艺术品位享誉国内外市场，并形成知名的"京珐"品牌，连续被认定为北京市著名商标。企业先后培养了国家级、市级工艺美术大师、高级工艺美术师、工艺师、工程师、高级技师等众多的专业技术人才，形成了一支优秀的设计、过硬的制作和专业的管理队伍，企业内汇聚了全国景泰蓝行业三分之二的国家级大师和高级技师。产品数十次荣获国家、部、市级金奖，多次荣获"北京市好产品""北京市名牌产品"称号。中南海、人民大会堂、钓鱼台国宾馆、首都机场专机楼等国家重要外交接待场所，都用"京珐"牌景泰蓝作装饰，许多经典制品作为国礼赠送外国首脑政要，也深受国内外景泰蓝爱好者、收藏者的喜爱和业内人士的好评。企业先后接待过许多国家元首、政要，我国党和国家领导人也多次光临企业。

2002年企业改制后，北京市珐琅厂有限责任公司积极探索拓宽景泰蓝工艺的应用领域，在室内外建筑装饰、城市景观工程等环境艺术装饰方面取得历史性突破，成功制作了大型城市景观工程《花开富贵》《生命的旋律》等三座景泰蓝大型室外喷水池，新加坡佛牙寺藏传佛教用品大型景泰蓝《转经轮藏》工程，首都机场专机楼、江苏省江阴市华西村龙希国际大酒店、澳大利亚某超五星级酒店，以及多座别墅、高级会所等室内景泰蓝工艺装饰工程，使景泰蓝制作技艺取得了重大的突破性发展。

北京珐琅厂历时两年筹建的景泰蓝艺术博物馆堪称是景泰蓝历史文化资料馆。在这里游客能看到明清两代宫廷景泰蓝的制作过程，能看到仿清代养心殿造办处"珐琅作"工序场景模型，乾隆亲自审看自己敲定的景泰蓝图样的御用品制作过程，以及用景泰蓝制作的各种鸟兽组成的山水画卷。场景形象逼真，富有情趣，令人驻足。此外，还可以看到珐琅厂自1956年成立以来珍贵的历史资料。在北京珐琅厂景泰蓝艺术博物馆，珐琅厂的老艺人、大师的生平和艺术特点，大师文稿、图纸、书刊、手迹，新中国成立后企业各时期经典代表作品、创新产品、原始工具、企业自主研发的制作工具以及多年来景泰蓝制作技艺的创新发展都能看到。在互动区，参观者可以近距离观看景泰蓝制作流程。博物馆还配套建有1000余平方米的技艺展示、互动区域，在这里可以免费参观景泰蓝制作工艺过程，并与大师互动，在高级工艺技师的指导下，亲自动手参与景泰蓝掐丝、点蓝工艺制作。①

5.3 天津案例

5.3.1 大沽船坞

大沽造船厂是洋务运动的产物。1875年，清政府命令直隶巡抚、北洋大臣李鸿章监督北洋海防的建立，并开始筹备设立北洋水师。在筹建海军的过程中，先后从英国和德国购买了25艘旧军舰。每一艘受损的军舰都要到上海、福州等地的造船厂修理，常常延误军机。大沽船坞成立于1880年，在天津大沽被命名为"北洋海军大沽船坞"。因为李鸿章创建了大沽船坞，厂址选在海神庙，所以大沽船坞也被称为"海神庙码头"，是我国北方最早的船舶制造厂。

5.3.1.1 大沽船坞文化创意设计

目前，我国工业遗产保护与再利用已经形成了比较成熟的设计方法。主要有两种：一种方法是将工业遗址建成创意文化产业园。例如，北京798艺术社区是早期自发形成的创意社区，经过整体规划设计，形成了中国最大的艺术社区之一。它们大多为旧建筑的改造增加了新的使用功能，然而，人口的突然增加也导致了交通、停车、公共绿地缺乏等一系列问题。另一种方法是将工业遗址改造成公园。它不仅要保留一些工业景观遗迹，而且要通过艺术和生态处理技术的应用，获得人们所需要的纯净的水、新鲜的空气和良好的户外空间，例如中山市岐江公园完全改造成以老船厂为基础的城市公园。

---

① 大河网.北京珐琅厂里逛景泰蓝老物件大集[EB/OL].https://4g.dahe.cn/mip/news/20150928105721840.

由于各种各样的工业遗产的差异较大，上述两种方法不能适应所有的改造项目。天津大沽船坞在城市规划中对周边地区花园连带设计与开发，使之成为能够吸引大量媒体工作者、艺术家和表演者的影视制作中心。

由工业遗产转型而来的创意产业园，聚集了众多从事文化创意设计的企业，并与配套的商业、服务设施形成多元交织的产业链，这对于提升创新能力和经济效益具有现实意义。文化创意公园沿袭了产业园的一些功能，但与创意产业园有以下区别：首先是空间形式的差异，创意产业园主要是一组建筑封闭共享的公共空间。在传统意义上，共享空间主要有交通组织、景观塑造等功能。作为员工的休闲交流空间，在使用上有一定的局限性。文化创意公园将建筑置于公共空间，扩大了人们参与的活动范围。这种空间结构有利于人与人之间的思想交流和人与自然之间的情感交流。其次，文化创意公园的功能更倾向于城市休闲功能，不能直接提供大量的就业机会和产品，休闲餐饮、特色商店等一些小的服务业，通过生产经营，会带来一定的经济效益。最后，文化创意公园可以提供更多的聚会活动场所。通过景观设置、建筑遗产的保护与利用，塑造了浓厚的文化氛围和历史兴亡感。一方面，它向游客宣传城市的特色和历史文化，另一方面，它唤醒了人们保护工业遗产的意识。

5.3.1.2 大沽船坞文化创意公园设计方案

关于文化创意公园的设计原则，首先，突出工业建筑美学的价值。其次，创造一个供游客参与的创意体验区。最后，引进创意产业，增加园区活力。创意产业的引入是大沽船厂城市设计的最大亮点，也是创意文化园区与一般城市园区的区别所在。

大沽码头位于海河东岸，靠近海河南岸的河口，与于家堡中央商务区隔江相望。从东到西面向海河，沿河界面长1.1千米，是海河景观的窗口。在这里建设公园将为滨海新区带来许多积极因素。首先，大沽码头场地是滨海新区罕见的绿地，具有极高的调节城市小气候、减少热岛效应的生态价值。其次，通过城市设计，在大沽码头建设多条通往海河的景观廊道，让更多的市民和游客能够欣赏到海河的美景。大量的工业遗产，通过适当的保护和推广，可以成为海河的工业之美。最后，大沽造船厂遗址公园将承载中国现代造船工业和北洋海军的历史文化，有利于历史教育基地的建立。为城市记住历史，为城市宣传历史文化。大沽船厂的主要定位是提升滨海新区的旅游文化,为滨海新区提供一个绿色生态公园,为市民带来一个自然条件优越、景观效果优美的城市公园。同时,它促进了文化事业的发展,激活了文化市场和文化氛围,改善了城市的整体文化素质。①

5.3.1.3 大沽船坞创意文化产业园设计方案

大沽船坞创意文化产业园区将是一座具有工业遗产氛围、低碳生活理念、体育媒体动力源泉的未来园区。大沽船坞创意文化产业园区规划确定了三大功能,即工业遗产区、体育传媒区、低碳生活区,通过保护工业遗址实现世界文化遗产的目标,通过体育媒体区域规划实现全球媒体明星的目标,通过低碳生活区建设实现慢生活范式的目标。三个功能区不仅有各自明确的空间对应关系,而且辐射整个地块甚至更广阔的区域。通过空间走廊、多层公共空间、人行道、创意文化公园在内的多种方式建设大沽船坞。②

5.3.2 天津解放桥和金汤桥

人类文明大多起源于河流,河流对城市有着重要的意义。同样,海河是天津的母亲河,也是这个城市的象征。天津的城市景观是由海河形成和发展的,如今,夜光照明的设计是对海河两岸各种白天景观的延续与重构。用光来"化妆"一个城市,并不是简单地照亮城市,而是通过明与暗、光与影、虚与实等来定义一个城市的主题、风格、深度和情感,创造一种与白天完全不同的场景和氛围。同时也能更深刻地表达出城市独特的艺术魅力,诉说着城市的地域风格、性格和内在气质。

5.3.2.1 文化创意环境分析

天津解放大桥和金汤大桥位于天津海河上。"水"是天津城市的生命线,也是地域文化的内涵。天津地理与文化的结合是以"水文化"为基础的运河文化、码头文化和商埠文化。水运便利、发达,极大地促进了天津的繁荣。

---

① 高瑾.城市活力驱动的滨河道路提升改造研究——以天津市海河东路为例[C].2019中国城市规划年会,2019.

② 朱文一,李煜.从大沽船坞到大沽绿坞——天津大沽船坞城市设计[J].动感,2011(5):106-113.

天津解放桥

海河以卫河为源流，流入海河干流，至大沽河口至渤海湾，全长1050千米。从城市空间上看，天津南北长、东西窄，夹在河中。主要街道平行或垂直于海河。城区分为东西两部分，需要通过桥梁和渡船连接。

夜幕降临，灯光亮起，海河就像一条蜿蜒的玉带，连接着一个特殊时代的脉搏。两岸古今文化的交会、东西方文化的碰撞，见证了天津几百年历史的沧桑，展现了天津独特的地域文化特色，如天津站、津湾广场、解放北路金融商务区、意大利风格商业区、奥地利风格商业区和古文化街商业区。海河赋予了天津独特的文化张力，与上海、广州、哈尔滨等水运同样发达的滨水城市相比，天津海河的平均宽度相对较窄，从而演绎出丰富的桥文化。同时，宜人的尺度使海河两岸界定的景观环境具有视线连续、空间紧凑、层次丰富的特点。基于这一特点，夜景照明设计从文化的角度考虑整个城市的灯光布局，以艺术手法呈现城市文脉，塑造城市性格。[①]

5.3.2.2 文化创意设计特色

有水的城市才有活力，有桥的地方才有诗意。如果把海河比作一条蜿蜒的玉带，那么，横跨海河的大桥就像一串玉带上的珍珠。区内共有14座新建和重建的桥梁，每座桥都有自己的特色和景观。桥梁造型和夜景灯光设计因

---

① 梁浩．天津海河景观文化探析[D]．天津：天津大学，2009．

地域品质的不同而有所不同，且与周边环境的艺术风格相呼应。历经百年沧桑的金汤桥和解放桥，依旧屹立不倒，夜灯彰显了它们的历史文化价值，体现了天津充满活力、开放包容的城市精神，结合两岸简洁的造型、安静的灯光和休闲的氛围，形成了共生的艺术整体。解放桥，又称"万国桥"，是一座非凡的钢桥。它连接了原老龙头火车站的北面，南通法、英、德租界，大桥可开可闭，成为海河一景。

时代的变迁使解放桥成为天津近代史上殖民和工业发展的见证。如今，它仍然在海河两岸的天津车站广场、金湾广场和解放北路金融商务区的交通中扮演着重要的角色。钢结构支架通过在桥体上浇铸灯而发光，光线从上到下逐渐减弱，明暗对比强烈。解放桥是为数不多的冷白光的整体使用效果的夜景工程，它不再年轻，克制的性格特征给人一种稳定、沧桑的视觉感受。

海河蜿蜒的河流在海河两岸的景观区辐射出不同类型的区域空间，交织成丰富的表面，有租界文化的历史街区、传统住宅和文化街区以及新兴的商业街区等等。夜景照明根据街区的功能、特点、定位和性质，有针对性地营造出能表现地域性格特征的类型丰富的场所空间。在这里，夜间照明在塑造地域特色、创造场所精神、渲染空间氛围等方面发挥着更为重要的作用。

新中国成立后，特别是改革开放以来，解放桥经过多次全面维护和修复后展现出崭新的风貌。"沽水流霞"的景色与远处的解放桥的景色相呼应，形成了天津的一大风景。解放桥连接天津火车站和海河两岸解放北路金融商务区，是在历史发展过程中形成的格局，而解放北路金融商务区也成为解放桥历史感的延续。

原英法租界沿岸河流的自然流向从西北一直向东南延伸，不宽的马路两旁都是气势非凡、造型独特的西方建筑遗迹。与住宅建筑相比，金融建筑体量感更重，古色古香更庄重。夜景照明工程的灯光突出了金融建筑庄重典雅的精神气质，注重对塔楼、柱头、山花等局部细节的表达。明暗对比清晰有力，生动地勾勒出建筑轮廓，传达出整个建筑丰富的层次感。街区内灯光的艺术设计也适应了建筑材料的特点，比如解放北路99号原华义银行的外立面壁画柱。灯光不表现柱基，而是投射柱体，表现材料散落的质感。此外，地面灯、路灯等街道照明设施也统一了整个街区的建筑照明形式，共同营造了金融区、商业区的历史感。①

天津金汤桥

金汤桥建于光绪三十二年（1906年）。1970年，天津市对金汤大桥进行改造，顶升1.2米，废除开放式设备，对桥梁锈蚀部位进行修复加固。1994年6月，天津市委、市政府将金汤桥列为"爱国主义教育基地"，使之成为人们缅怀解放天津的英雄们的地方。2003年在海河开发改造中，经研究确定，在恢复金汤大桥原设计的基础上，进行了加固改扩建，完全恢复了原有的开启功能，提高了通航标准。改造后，金汤桥成为步行桥，桥的主体和楼梯是用厚玻璃制成的，在原有钢桥的基础上，辅以声、光、电、水等特色，呈现出崭新的面貌，成为海河上一道亮丽的风景线。

天津古文化街商业区位于海河西岸金汤大桥和石林大桥之间。它是一个典型的特色历史街区，展示了天津的城市文化，坚持"中国味、天津味、文化味、古代味"。整个建筑具有清代的民间风格，展现出古代街道的效果。建筑照明采用暖黄色调，营造轻松休闲的商业氛围。传统建筑构件如角套、支

---

① 陈学文，等. 点·线·面的交织——天津海河地域化夜景照明艺术手法分析及启示[J]. 照明工程学报，2016（5）：44-48.

架、彩绘等的重点照明，突出了建筑细节，营造出高贵典雅的传统民俗文化氛围。同时，从建筑檐口垂下的一系列红灯笼沿着建筑连续的立面展开，具有流畅的视觉效果，对视觉有很强的引导作用。红灯笼和福字灯柱，为天津古文化街增添了活泼喜庆的气氛。

天津古文化街

5.3.3 天津棉 3 创意街区

5.3.3.1 天津棉 3 创意街区简介

天津棉 3 创意街区位于天津市河东区海河东路国泰桥南侧，街区原为天津市棉纺三厂，始建于 1921 年，1950 年该厂正式更名为天津第三棉纺厂。建筑面积 22.4 万平方米，西临海河东路，北倚富民公园，东至国泰道，周边环绕小白楼、八大里、天津湾、文化中心、和平路金街、古文化街等多个城市级商圈，毗邻海河风景区、二宫等城市历史人文景观区，与天津滨海国际机场仅距 19 千米，交通便利，四通八达，具有浓厚的文化、休闲、时尚氛围。[①]

---

① 棉 3 创意街区 [EB/OL].http: //www.mian3.com/AboutUs.html.

天津棉 3 创意街区

5.3.3.2 天津棉 3 创意街区历史

棉 3 创意街区是由天津棉纺三厂的老工业厂房改扩建而成,其前身为创建于1920年前后的裕大纱厂和宝成纱厂。天津是中国近代工业的发源地之一,也是中国北方重要的纺织中心。1919 年,近代民族工业创始人之一周学熙主持在天津创办"华新纱厂",奠定了华北纺织业的基础。天津第三棉纺织厂的前身是创建于 1920 年的裕大和宝成纱厂,既是近代天津六大纱厂之一,还曾是 20 世纪二三十年代中国共产党在天津从事工人运动的重要活动中心。棉三厂区建筑最早于 20 世纪 20 年代开始修建,之后一直持续建设,直到 20 世纪末停止。该厂最初以生产功能为主,形成了"漕运—储棉—纺纱—织布—成包—库存"等一系列功能,拥有较多不同时期的工业老厂房,其中很多厂房建筑具有较高的工业遗产价值。①

5.3.3.3 天津棉 3 创意街区文化创意元素

2015 年,由天津住宅集团通过保护性改造,使棉三老厂区提升为棉 3 创意街区。基于"改造性再利用"原则,充分利用老厂房原有的空间格局,采

---

① 百年工业遗产变身创意街区 [EB/OL].https://baijiahao.baidu.com/s?id=1671747332034077830&wfr=spider&for=pc.

用新与旧、古朴和现代、传承和创新相结合的表现手法，构建了一个既延续工业遗产历史肌理又体现时尚街区活力的创意产业集群。经过五年多的精心运营，棉3创意街区逐渐由区域型文创园区成长为城市级文化地标。棉3是集创意设计、新媒体服务、人才培训、艺术展示等功能于一体的新型创意街区，据新华社新闻网报道，棉3内的企业主要集中在文创产业领域，包括动漫电影衍生品制作加工、直播艺人培养、装饰设计等各种新兴行业企业，有别于传统工业企业，业务类型多元、行业细分程度高等特点都对街区管理提出了新的要求。量身打造路演推介、设立"设计师超市"内容展示平台等服务内容，在棉3已经成为常态。为了打造并吸引更多新兴行业企业，街区还打造了名为"M3创空间"的业务板块。通过"孵化+平台+导师+资金+活动"的创业孵化体系，联合创投机构、天使投资人等资金渠道，为入驻企业提供培训辅导、政策申请、法律顾问等一系列服务。目前，"M3创空间"被认定为天津市首批市级众创空间。部分老工业园区存在通行不便、配套设施匮乏等问题。为此，棉3打造了青年公寓、露天酒吧以供企业员工居住娱乐，还设立了中央餐厅，便于企业集中订餐，节省运营成本。2020年，为进一步推动河东区夜间经济发展，提升海河东岸经济带夜生活繁荣度和活跃度，助力打造海河国际商业中心，紧邻海河的嘉里汇"海河夜巷"、棉3创意街区抖音食光里夜市先后开街，与已开街的老门口儿夜市、万达夜市形成长期与短期互补、商旅文相互结合、海河东岸经济带与津滨大道商圈联动发展的新模式，全面提升"食、游、购、娱、体、展、演"在内的全域夜间消费市场活力。棉3抖音食光里夜市以本地品质美食、文创、手工艺、潮流、亲子为主体内容，以音乐、文化演出、生活方式分享、娱乐互动为表现形式，聚集城市文化与生活方式的体验、交流平台，打造"逛+吃+玩"的社交互动消费场景。未来，棉3还将深挖工业遗产的再生价值，深入研究文创园区和城市文化发展的新途径、新方式，发挥文化创新、创意在城市更新进程中的重要作用。[1]

---

[1] 河东区加快发展夜间经济提升城市活力带动消费增长[EB/OL].https://www.sohu.com/a/413909184_120396553.

棉3抖音食光里夜市

5.4 河北案例

河北省是中国近代民族工业的重要发源地之一，工业遗产资源丰富，类型多样。目前列入《中国工业遗产保护名录》第一、二、三批名录的共计16处之多，名录覆盖了造船、建材、化工、交通、铁路等各个门类，是河北省最具有代表性和突出价值的工业遗产。它们在时间上历经洋务运动、民国时期、抗日战争和新中国建设初期等不同历史阶段，突出的特点就是延续性强、地域性突出。

河北省列入《中国工业遗产保护名录》的工业遗存

序号	名称	所属行业	所在地	始建年代	主要遗存
1	开滦煤矿	采矿	河北省唐山市	1878	唐山矿1号井、2号井、3号井；近代煤矿最早的火力发电机组；唐山矿达道；部分矿用建筑、设备；中央电厂汽机间；马家沟砖厂建筑砖车间；赵各庄矿洋房；档案；中国现存最早的股票（1881）
2	唐山铁路遗址	铁路	河北省唐山市	1881	达道；中国最早的铁路、公路、行人立交桥——双桥里西桥（1889）；中国铁路零起点；钢轨、唐山南站站台、天桥、风雨棚等；古冶火车站高架煤台
3	京张铁路	铁路	北京市、河北省张家口市	1905	青龙桥人字形铁路；青龙桥站、清华园站、西直门站站房、线路、隧道、桥梁、铁轨、枕木；南口机车库；档案、照片
4	滦河铁桥	交通	河北省滦县滦州镇老站村	1892	桥体
5	启新水泥公司	建材	河北省唐山市	1889	1910年至1940年间的4-8#窑厂房建筑及主要设备；1933年老发电厂第4台发电机组；乙仓及1908年建设的木结构火车装运栈台；启新修机厂；启新浴室；档案、奖牌、保险柜
6	耀华玻璃厂	建材	河北省秦皇岛市	1922	泵房水池、水塔、发电房
7	唐胥铁路修理厂	机械	河北省唐山市路南区岳各庄大街19号	1880	"龙"号机车（模型）；铸钢车间、烟囱、水塔
8	唐山磁厂	陶瓷	河北省唐山市路北区龙泽南路31号	1914	厂房、办公楼；汉斯别墅；民国时期的青花大缸、地契等
9	秦皇岛港	交通	河北省秦皇岛市海港区	1898	大码头、小码头、南山信号台、老船坞；开滦矿务局办公楼、车务处、开平矿务局秦皇岛经理处办公楼、开滦矿务局秦皇岛高级员司俱乐部、外籍员司特等房、引水员住房等；档案、港志、回忆录、历史照片
10	京汉铁路（卢汉铁路）	铁路	河北	1898	石家庄车辆厂前街13号，法式别墅3-4栋，原石家庄车辆厂法式建筑
11	正太铁路	铁路	河北	1904	正太铁路竣工通车碑、路章碑、懋华亭（路权收回纪念亭）；石家庄大石桥、正太饭店；日军碉堡；正太铁路全图、档案等
12	井陉矿务局（含井陉矿、正丰矿）	采矿	河北省石家庄市井陉矿区	1912	段家楼群：总经理办公大楼、小姐楼、服务娱乐楼、总工程师楼、公子楼等七座德式风格建筑；正丰矿；厂房、老井架、皇冠水塔等；地道；西大楼；上游型1178号蒸汽机车

（续表）

序号	名称	所属行业	所在地	始建年代	主要遗存
13	山海关桥梁厂	机械	河北省秦皇岛市山海关区南海西路35号	1894	钢梁车间、打风机厂房；铣边机床、型钢矫正机；制成桥体、铭牌；武汉长江大桥钢梁图册；档案、厂志、历史照片
14	乾义面粉公司（新中国面粉厂）	面粉	河北省保定市莲池区长城南大街645号	1919	五层制粉大楼1座、仓库4座、烟囱1座、营业二层楼房1座
15	华北制药厂	化工	河北省石家庄市长安区和平东路217号	1953	办公楼、淀粉塔、档案、历史照片
16	开滦赵各庄矿	采矿	河北省唐山市古冶区	1906	1、2、3、4号井井架；1号井绞车房及内部绞车设备；建矿初期使用的工具及工牌；9、10号洋房子；图纸

注：图表信息来源于中国科协创新战略研究院与中国城市规划学会发布《中国工业遗产保护名录》[1]。

京津冀环渤海地区作为中国三大经济文化产业圈之一，在国民经济和文化创意产业发展中的作用举足轻重。而河北作为京津冀环渤海经济圈的重要组成部分，在京津冀协同发展的国家战略下更是起着不可限量的作用，在文化创意产业朝阳发展的时代背景下，加强对工业遗产的保护与管理，积极探索工业遗产的开发与再利用途径，以文化创意为核心，将其打造成为促进经济崛起的新经济增长点，同时也将深深地改变我们的生活方式和价值观念。

5.4.1 秦皇岛耀华玻璃博物馆案例

5.4.1.1 耀华玻璃厂的工业历史简介

秦皇岛耀华玻璃厂始建于1922年，它的诞生开启了中国玻璃工业发展之门。耀华玻璃厂之所以得以筹建，与清末民初杰出的实业家、"中国北方工业巨子"周学熙有着不解之缘。早在1914年，西方列强比利时建成世界上第一座采用弗克法生产的玻璃工厂。而此时的中国积贫积弱，虽地域辽阔，人口

---

[1] 中国工业遗产保护名录（第一批）名单正式公布[J]. 城市规划通讯，2018（3）：13.

众多，但玻璃工业仍然是一片空白。周学熙目光如炬，发现商机，预感到如在国内设厂，玻璃工业将会有广阔的市场前景。恰逢比利时在秦皇岛设立的纯外资性质的玻璃公司有意转让专利权，周学熙审时度势，以滦州煤矿提存的股息作为创办新厂的启动资金，注册了一家本土民营公司，与秦皇岛玻璃公司（外资）合营，定厂名为"耀华"。自此"耀华"玻璃厂深深扎根于华夏古老的大地上，成为当时亚洲第一个拥有"弗克法"生产线的玻璃生产厂家。从此，结束了外商垄断中国玻璃市场的局面，拉开了中国近代玻璃工业的百年大幕。

5.4.1.2 秦皇岛耀华玻璃博物馆的创立

秦皇岛耀华玻璃博物馆

时至2001年，随着环保理念的加强与城市化发展的进程，耀华玻璃厂"退城进郊"，在其原址上留下了大片旧工业建筑。为记录与延续耀华玻璃所代表的中国近代玻璃工业发展史，秦皇岛市委、市政府决定保留耀华老厂部分历史建筑，在旧址建设一座专题性博物馆——秦皇岛玻璃博物馆。2006年年底博物馆项目正式启动，2012年8月，耀华玻璃博物馆正式建成并对外开放。博物馆总投资3150万元，占地11.28亩，建筑面积2822平方米，保留原有电灯房、水塔、水泵房面积1556平方米，布展面积1500平方米，展线长度333延米,上展展品1022件(套),这是我国最早创建的一家专题性质的玻璃博物馆。博物馆由展览区、遗址公园、主题餐厅、办工区四部门组成,是集珍藏、研究、休闲、教育、展示于一体的社会公益性博物馆。面向广大市民,既作为爱国主义的示范基地,又作为教学科普、展现城市风貌、对外交流的有效平台,同时还满足了群众日益提升的审美需求和休闲的意愿。

5.4.1.3 秦皇岛耀华玻璃博物馆的创意设计

工厂搬迁后,拆除了绝大部分的厂房、窑洞、设备,改建成为居民区,仅留下原厂的发电房、泵房水池与水塔作为纪念留存并改造成博物馆。

秦皇岛耀华玻璃博物馆发电房

发电房于1923年建成,由民族实业家周学熙与比利时伍德米财团共同出资修建,是耀华玻璃厂重要的配套服务设施。原建筑共上下2层,总面积2822平方米,高13.6米,独具法国哥特式建筑风格。最初曾作为耀华玻璃厂生产、生活提供电力保障的厂房,之后又相继作为办公用房、浴池。在博物馆设计改造时,坚持修旧如旧的方针,进行多次修缮,保留了窗型与砖石堆砌立面造型的完整性,从而使典型的法国哥特式建筑风格的工业建筑景观元素保存得相对完好,较好地保留了建筑景观的原生性与历史性。步入其间,能使人感受到真切的历史厚重感。

秦皇岛耀华玻璃博物馆水塔

水塔于1923年建成，砖石砌筑结构。原塔高为23.15米，占地面积42.5平方米，储水容量95.69立方米。水塔和其配套设施泵房水池与发电房两者遥相呼应，水塔经过修缮加固，成为景区内最高的单体建筑，砖石材质与拱券结构及拱门式开窗保存完整。

水泵房于1923年建成，是水塔的配套设施，由比利时设计师设计，欧式圆形单层结构建筑，砖石砌筑，总占地260平方米。其控制室为单层圆形结构，占地61.34平方米。蓄水池为长方形结构，下有深水井，终年蓄水，并因地制宜地在水池中设置了喷泉。这个创意设计，在没有对遗址造成结构性破坏的前提下增加了观赏性与互动性，使平淡的蓄水池添加了新的功能与活力。

为了增添景区的休闲与娱乐体验功能，在政府的支持与让惠于民的政策

秦皇岛耀华玻璃博物馆水泵房

下,在景观域内驻入纪念品商店、咖啡厅与张拉膜构建的露天活动场所等,给广大市民和游客提供了休闲娱乐场所,从而打造景观博物馆的多种功能。

走进博物馆,游客不仅可以看到不同时代的玻璃制品,还可以学习到古代玻璃制造的工艺、新中国玻璃产业的发展,以及观看传统玻璃器制作工艺表演。在展馆内,游客可以尽情感受游与学的交融,加深了游客的民族认同感和民族自信心。

耀华玻璃博物馆整体上向市民与游客呈现了关于玻璃艺术、设计、科技、历史等多面向的艺术样式与作品,同时提倡"博物馆式生活方式"与大众生活相连接,为生活在后工业时代的我们提供一种崭新的艺术美学生活方式。

一部"耀华"厂史,不仅是秦皇岛市地方玻璃工业发展史,更是中国近代玻璃工业发展的一个缩影。毫无疑问,保护耀华玻璃厂旧址,对于传承秦皇岛地区的历史文化与价值、丰富秦皇岛地区人文旅游资源具有举足轻重的意义。

5.4.2 唐山开滦国家矿山公园案例

5.4.2.1 开滦国家矿山公园简介

1878年,开滦煤矿创建于河北省唐山市。在这里诞生了"中国第一佳矿""中国第一条准轨铁路""中国第一台蒸汽机车""中国最早的铁路公路立交桥""现存中国最早的股份制股票",奠定了中国近代工业发展的基石。2005年国土资源部批准建设全国首批国家级矿山公园——开滦国家矿山公园,2008年10月建成预展,2009年10月对外开放。整个园区依托开滦丰厚的矿业文化底蕴,集旅游、休闲、历史文化与科普展示、文化创意产业园于一体。它先后荣获"中国十佳矿业旅游景区""中国环境艺术奖"等荣誉,被命名为

开滦国家矿山公园场景之一

开滦国家矿山公园场景之二

"唐山市科学素质教育基地""河北省工业旅游示范点""河北省爱国主义教育基地""全国科普教育基地""全国国土资源科普基地""全国红色旅游经典景区",也是国家 4A 级旅游景区。①

5.4.2.2 开滦国家矿山公园保护与再利用

园区由矿业文化博览、"国保"遗址观光区、时尚文化休闲区三大板块构成,包含开滦博物馆主馆、井下探秘游、中国第一佳矿 1878、电力纪元 1906、蒸汽机车观光园、中国铁路源头博物馆等一系列展馆和景区。博物馆内史料翔实、展品丰富。以新颖的展陈形式描述了"黑色长河"的历史,展示了从煤的生成、由来,到中国路矿之源的历史遗迹,再现了因煤而兴的唐山城市文化记忆。这里有中国迄今存世最早的股票——"开平矿务局老股票"、尘封百年的"羊皮蒙面大账本"、中国第一条准轨铁路上的铁轨、"开平矿权骗占案"跨国诉讼《笔录》等镇馆之宝,共计 48 件一级文物、72 件二级文物、326 件三级文物,讲述着开滦人创造的 20 多个中国近现代工业史上的第一,引导人们去细细品读矿业文化的独特魅力。地下探秘区,由位于博物馆地下数十米深的原煤矿井下老巷道改造而成,集体验、展示、休闲功能于一体,曲径幽深,引人入胜。游客由电梯可直达井下,在神秘、刺激的古老巷道,体验"井下探秘游"的世界。这里,真实还原了从原始挖煤到现代化采煤的九个真实工作面,身临其境,穿行其中,仿佛徜徉在煤炭开采的教科书中。②

开滦国家矿山公园不仅是一座集工业遗迹保护、环境更新、生态恢复和城市文化重现于一体的新型休闲观光园,一座以发展文化创意、旅游产业、探索资源型企业转型并为人们留下近代工业完整记忆的矿业文化创意园,一座努力践行科学发展观、建设凤凰重生的生态城市和人民群众满意幸福之都的绿色城市生态园,还是一座依托矿业遗迹保护和开发利用,从不同角度、不同侧面普及近代工业知识的益智园和科普园。

---

① 马长生.开滦国家矿山公园掠影[J].当代矿工,2013(7):16-17.
② 赵柔嘉.凝聚黑色魅力,追忆工业文明——开滦国家矿山公园[J].中国安全生产,2018,13(8):70-71.

5.4.3 唐山启新1889文化创意产业园案例

5.4.3.1 启新1889文化创意产业园简介

启新1889文化创意产业园场景之一

启新1889文化创意产业园场景之二

细棉土厂是中国第一家水泥厂，距今已有130年的历史。它是中国第一桶水泥的诞生地，并一度成为中国最大的水泥企业。启新1889文化创意产园是在启新水泥厂旧厂址上改建而成的，主要包括中国水泥工业博物馆和工业主题创意街区两大板块。其中，占地面积约94.5亩的中国水泥博物馆是唐山市"退二进三"的重点项目，也是中国首个以水泥工业为主题的博物馆。工业主题创意街区以原有的厂房建筑为基础，改建了艺术家工作室、表演艺术空间和具有艺术特色的餐饮设施。①

5.4.3.2 启新1889文化创意产业园保护与再利用

针对启新水泥厂具有重要历史和文物价值的老厂房和设备，坚持"修旧如旧"的理念进行整体改造。博物馆总体占地面积115多亩，总建筑面积达6.7万平方米，总投资金额3.5亿元。通过科学规划，保留了1910年至1940年建成的4、5、6、7、8五条完整的窑系统，尤其是其中非常珍贵的德国AEG发电机在内的四台发电机组。同时，保存重要工业文物设备共计26套，包括4000多平方米的木结构火车装运栈台、丹麦史密斯包机等重要文物。此外还有完整的1889年至2008年长达120年的启新档案，共计2000余卷。总体规划上以博物馆为中心，招商特色文化项目，打造特色鲜明的文化创意产业园区。园区以博物馆为中心分为北区、南区及东区，其中北区主要分布有个人工作室、写字楼等创意办公区；南区主要为配套区域，业态包括主题餐厅、西餐、酒吧、下午茶时光等休闲娱乐项目；东区以打造唐山高端工艺品市场为目标，建设唐山最大的空中步行街，汇集了弧形影院、空中啤酒花园等商家。因此，从整体布局和功能上，带动周边文化、旅游、娱乐、购物休闲等多种商业服务，打造成为一个集创意文化、休闲娱乐于一体的综合性产业园区。

5.4.4 石家庄井陉矿区案例

5.4.4.1 井陉矿区简介

井陉矿是中国最早创办的近代煤矿之一，石家庄地区最早实现机械化开采的矿井，素有"北方最良之煤田""百年煤都""开国第一矿"之美誉。

现有主要遗存：段家楼群（7座德式风格建筑，是石家庄地区保存最完

---

① 田菲，孙怡. 工业遗产文化创意旅游发展研究——以唐山市启新1889文化创意产业园为例[J]. 经济研究导刊，2019（11）：95-96.

好、规模最大的欧式建筑群);正丰矿(地道、北斜井巷道等老井架是国内仅存的机械化开采木质井架;皇冠水塔是河北省内仅存一处具有德式风格、由德国进口建材建造的大型工业建筑)。

段家楼群

段家楼是井陉煤矿工业遗产中最具特色的建筑,石家庄地区保存最完好、规模最大的欧式建筑群,是西洋建筑与中国古典建筑艺术相结合的建筑艺术佳作。1912 年,井陉正丰煤矿联合军阀段祺瑞合股办矿,段祺瑞委派其弟段祺勋担任总经理,于 1913 年开始筹建了段家楼,属珍贵的近代民族工业遗产,专家美誉其"一座段家楼,半部北洋史"。段家楼主要建筑包括:总经理办公大楼、小姐楼、公子楼、德国工程师办公楼、综合娱乐楼等 7 座建筑物。这组建筑物总占地面积 16.32 万平方米,原有建筑面积 1.2 万平方米,现存建筑面积 9000 多平方米，是一座集办公、娱乐、休闲于一体的大型花园式私宅。[①]

5.4.4.2 井陉矿区保护与创意开发

2011 年，井陉矿区被国务院确定为第三批国家级资源枯竭型城市试点，为了摆脱困境、探寻转型发展突破口，矿区将目光聚焦于工业遗产的特色价值和独特的文化旅游资源，围绕"文化＋旅游"做跨界融合，加快推进文旅融合步伐，持续培育文化旅游新业态。深度挖掘自然人文景观、工业文明、红色文化等旅游资源，重点打造了突出工业文明特色的段家楼正丰矿文旅综合体项目、突出田园风光特色的天户峪田园综合体项目和突出商贾文化特色的贾庄古镇项目，构建起了以段家楼、天户峪田园综合体、西环旅游路和贾庄古镇为代表的"一楼、一谷、一路、一镇"旅游格局。

贾庄古镇景点

---

① 彭秀良. 百年风雨段家楼 [J]. 文化产业，2020（19）：97-100.

参 考 文 献

[1] 理查德•E 凯夫斯. 创意产业经济学——艺术的商业之道 [M]. 孙绯，等译. 北京：新华出版社，2004.

[2] 张京成. 中国创意产业发展报告（2006）[M]. 北京：中国经济出版社，2006.

[3] 刘会远，李蕾蕾. 德国工业旅游与工业遗产保护 [M]. 北京：商务印书馆，2007.

[4] 刘维麟. 国际文化创意产业园区发展研究报告 [M]. 北京：中国人民大学出版社，2007.

[5] 左琰. 德国柏林工业建筑遗产的保护与再生 [M]. 南京：东南大学出版社，2007.

[6] 厉无畏. 创意产业导论 [M]. 上海：学林出版社，2006.

[7] 刘伯英，冯钟平. 城市工业用地更新与工业遗产保护 [M]. 北京：中国建筑工业出版社，2009.

[8] 蒋三庚，张杰，王晓红. 文化创意产业集群研究 [M]. 北京：首都经济贸易大学出版社，2010.

[9] 王俊豪. 产业经济学 [M]. 北京：高等教育出版社，2008.

[10] 张京成，李岱松，刘利永. 文化创意产业集群发展理论与实践 [M]. 北京：科学出版社，2011.

[11] 周晓华. 城市更新之市场模式 [M]. 北京：机械工业出版社，2007.

[12] 崔功豪，魏清泉，陈宗兴. 区域分析与规划 [M]. 北京：高等教育出版社，1999.

[13] 范霞. 上海创意产业及其集聚发展研究 [D]. 上海：华东师范大学，2006.

[14] 翟瑛栋. 创意产业发展中的集群现象研究 [D]. 苏州：苏州大学，2007.

[15] 肖雁飞. 创意产业区发展的经济空间动力机制和创新模式研究 [D]. 上海：华东师范大学，2007.

[16] 毛丽青. 创意产业区发展的区域创新网络机制研究 [D]. 上海：同济大学，2007.

[17] 蒋雁. 基于因子分析的创意产业区影响因素模型研究 [D]. 杭州：浙江理工大学，2008.

[18] 黄翊. 工业遗产上的文化创意产业园区建设研究 [D]. 北京：中央美术学院，2010.

[19] 黄斌. 北京文化创意产业空间演化研究 [D]. 北京：北京大学，2012.

[20] 褚劲风. 上海创意产业空间集聚的影响因素分析 [J]. 经济地理，2009（1）：102-107.

[21] 杨帅. 工业遗产保护与利用发展模式分析 [J]. 遗产与保护研究，2019（2）：62-64.

[22] 单菁菁，秦铭梓. 把"工业锈带"变成"生活秀带"——城市更新视野下的工业遗产地保护与利用 [J]. 环境经济，2020（13）：34-38.

[23] 张京成. "创意经济时代"工业遗产的保护与利用模式 [J]. 新闻文化建设，2020（2）：91-94.

[24] 叶瀛舟，厉双燕. 国内外工业遗产保护与再利用经验及其借鉴 [J]. 上海城市规划，2007（3）：50-53.

[25] 曾锐，于立，李早，等. 国外工业遗产保护再利用的现状和启示 [J]. 工业建筑，2016（2）：1-4.

[26] 孙浩，郭洋，唐志强，等. 国外如何保护工业遗产 [J]. 决策探索（上半月），2014（12）：69-71.

[27] 迈克·罗宾逊，傅翼. 欧洲工业遗产的保护和利用：挑战与机遇 [J]. 东南文化，2020（1）：12-18.

[28] 徐拥军，王玉珏，王露露. 我国工业文化遗产保护与开发：问题和对策 [J]. 学术论坛，2016（11）：149-155.

[29] 刘强，李文雅. 创意产业的城市基础 [J]. 同济大学学报（社会科学版），2008（4）：104-107.

[30] 曾锐，李早，于立. 以实践为导向的国外工业遗产保护研究综述 [J]. 工业建筑，2017（8）：7-14.

[31] 褚劲风. 上海创意产业空间集聚的影响因素分析 [J]. 经济地理，2009（1）：102-107.

[32] 周岚，宫浩钦. 城市工业遗产保护的社会学思考 [J]. 甘肃理论学刊，2011（1）：45-47，121.

[33] 丁宁. 再现建筑活力——旧工业建筑保护性再利用之研究 [J]. 美与时代（上），2011（2）：101-106.

[34] 任云兰，郭力君. 天津工业遗产保护和利用的探索与实践 [J]. 城市发展研究，2018（10）：140-143，155.

[35] 季宏. 天津近代城市工业格局演变历程与工业遗产保护现状 [J]. 福州大学学报（自然科学版），2014（3）：439-444.

[36] 毛磊. 演化博弈视角下创意产业集群企业创新竞合机制分析 [J]. 科技进步与对策，2010（8）：104-106.

[37] 周雅琴，孙响. 京津冀工业遗产型创意产业园区域联动更新设计研究 [J]. 美与时代（城市版），2019（9）：37-38.

[38] 周雅琴，孙响. 京津冀工业遗产区域化协同更新策略研究 [J]. 工业设计，2019（7）：109-110.

[39] 吉祥. 河北工业遗产静态保护与动态利用进展研究 [J]. 住宅与房地产，2020（23）：190-191.

[40] 解学芳，黄昌勇. 国际工业遗产保护模式及与创意产业的互动关系 [J]. 同济大学学报（社会科学版），2011（1）：52-58.

[41] 刘力，徐蕾. 工业遗产类创意产业园受众人群的调查与比较——以北京798艺术区及唐山1889创意产业园为例 [J]. 华中建筑，2017（10）：16-21.

[42] 王岩，张国峰. 旧工业建筑再利用视野下的景观设计研究——以秦皇岛玻璃博物馆为例 [J]. 建材与装饰，2020（7）：78-79.

[43] 朱明旭. 以秦皇岛市玻璃博物馆为例浅谈专题博物馆管理创新 [J]. 中外企业家，2020（21）：132.

[44] 高洁，刘歆. 河北井陉矿区煤矿工业遗产价值及保护与再利用策略研究 [J]. 科技风，2017（9）：159.

[45] 贾绍宁，刘奇，王华彪. 京津冀协同发展视域下河北文化创意产业现状分析 [J]. 品牌，2014（6）：79.

[46] 王芳，彭蕾. 浅论工业遗产保护和利用的博物馆模式——从唐山启新水泥工业博物馆的前世今生谈起 [J]. 中国博物馆，2019（2）：23-28.

[47] 杨欢，陈厉辞. 秦皇岛市玻璃博物馆与工业遗产保护 [J]. 文物春秋，2013（4）：68-71.

[48] 中国工业遗产保护名录（第二批）名单 [J]. 今日科苑，2019（5）：84-91.

[49] 中国工业遗产保护名录（第一批）名单正式公布 [J]. 城市规划通讯，2018（3）：13.

[50] 张京成，曾凡颖，刘利永，等. 工业遗产开发模式的国际经验借鉴 [J]. 科技智囊，2008（11）：36-41.

[51] 王辑慈. 关注文化创意产业（续）[J]. 前线，2006（4）：24-25.

[52] 孔令刚，蒋晓岚. 基于产业融合视角的文化创意产业发展战略 [J]. 华东经济管理，2007（6）：49-52.

[53] 王婷，龚晓浩. 从文化创意产业谈城市历史文化遗产的保护 [C]. 和谐城市规划——2007年中国城市规划年会，2007.

[54] 章晶晶，郑天. 工业遗产旅游综合体规划方法研究——杭州运河旅游综合体开发 [J]. 工业建筑，2015（5）：19-23.

[55] 张松. 上海黄浦江两岸再开发地区的工业遗产保护与再生 [J]. 城市规划学刊，2015（2）：102-109.

[56] 王向荣，任京燕. 从工业废弃地到绿色公园——景观设计与工业废弃地的更新 [J]. 中国园林，2003（3）：11-18.

[57] 戴代新. 后工业景观设计语言——上海宝山节能环保园核心区景观设计评议 [J]. 中国园林，2011（8）：8-12.

[58] 闫永增. 工业遗产保护与再利用中需体现政府导向——评《新型城镇化工业遗产保护与再利用》[J]. 文物鉴定与鉴赏，2020（3）：110.

[59] 闫永增. 试论滦州矿务公司与开平矿务公司的合并 [J]. 唐山师范学院学报，

2002（6）：51-59.

[60] 闫永增. 论唐山近代工业兴起的地理环境 [J]. 唐山学院学报，2018（4）：39-44.

[61] 闫永增. 工业文化与唐山城市精神的凝练[J]. 唐山师范学院学报，2013（1）：50-54.

[62] 闫永增. 唐山近代工业遗产保护和利用对策研究 [J]. 唐山师范学院学报，2014（1）：85-88.

[63] 闫永增. 唐山近代工业遗产调查 [J]. 唐山学院学报，2016（4）：22-27.

[64] Pat Y. From Tourism Attractions to Heritage Tourism[M]. Huntingdon：Elm Publications, 1991.

[65] Judith Alfrey, Tim Putnam. The Industrial Heritage: Managing Resources and Uses[M]. London: Routledge, 1992.

[66] Florida R. The Rise of the Creative Class: and How It's Transforming Work, Leisure, Community and Everyday Life[M]. New York: Basic Books, 2002.

[67] M K Oglethorpe. Scottish Collieries: an Inventory of the Scottish Coal Industry in the Nationalised Era[M].Edinburgh：Royal Commission on the Ancient and Historical Monuments of Scotland, 2006.

[68] Binney M. Our Vanishing Heritage[M].London: Arlington, 1984.

后　　记

本书为著者 2017 年承担的河北省社会科学基金项目（项目编号为 HB17GL099）的研究成果。它以工业遗产和文化创意产业融合发展为研究主题，多维度探讨京津冀工业遗产的保护与开发，是一部具有一定学术价值和文化价值的专著。

该书梳理了学术界工业遗产与文化创意的既有成果，在前人研究的基础上，进一步深入探讨。在写作过程中，我们参考了张京成等专家学者的相关成果，在国家图书馆、河北省图书馆、河北省档案馆、唐山市图书馆、唐山市档案馆以及网络平台广泛搜集资料，对此一并致谢！

鉴于著者学识有限，书中有粗疏、不妥乃至舛误之处，敬请学界同人和广大读者不吝赐教。

著者

2020 年 12 月